CE CAFÉ EST VRAIMENT TROP BON ! ÇA VALAIT LA PEINE DE FAIRE LE DÉPLACEMENT JUSQU'À KYÔTO POUR L'ACHETER !!
J'EN TREMBLE ! JE SUIS TELLEMENT ÉMU QUE J'EN TREMBLE !
AH COOL, GÉNIAL. À PART ÇA, TU PEUX ALLER RANGER CE COIN LÀ-BAS ?
ON VA OUVRIR DANS 15 MINUTES.
TCHAC TCHAC
TU POURRAIS ÊTRE CONTENT POUR MOI !
HARU-SAN, COMBIEN D'ASSIETTES ON PRÉPARE POUR LE PLAT DU JOUR, AUJOURD'HUI ?
EUH... 18 ASSIETTES. ATTENDS, JE VAIS T'ÉCRIRE UN MÉMO.
JE VOULAIS CUISINER LA DAURADE AVEC DES CAROTTES ET UNE BASE D'HUILE D'OLIVE, MAIS IL Y AURA PEUT-ÊTRE DES CLIENTS QUI N'AIMERONT PAS ÇA, DONC POSE-LEUR LA QUESTION.
S'ILS N'AIMENT PAS, ON REMPLACERA LES CAROTTES PAR DE LA TOMATE ET ON METTRA UN PEU D'ÉPICES.
* DAURADE À
TOMATES
* BARRACUDA
OK
ON SENT QUE L'AUTOMNE ARRIVE QUAND ON VOIT LES POISSONS QU'ON PÊCHE...
À la pêche
JE VOULAIS Y ALLER CE MATIN, MOI...
JE T'AI APPELÉ PLEIN DE FOIS ET JE T'AI ENVOYÉ DES MESSAGES POUR QUE TU VIENNES, MAIS TU N'AS JAMAIS RÉPONDU.
TU AS LA CLÉ DE CHEZ MOI ! TU AURAIS PU ENTRER POUR ME VENIR ME RÉVEILLER !
JE RESPECTE TON INTIMITÉ, MOI !
ON EST AMIS DEPUIS DES ANNÉES !! ÇA FAIT UN BAIL QU'ON NE RESPECTE PLUS L'INTIMITÉ DE L'AUTRE !!

FRANCHEMENT, HARUMI, JE TE TROUVE DRÔLEMENT FROID AVEC MOI, CES DERNIERS TEMPS...
TU T'ES LASSÉ DE MOI, OU QUOI ?
ARRÊTE DE DIRE DES CONNERIES ET VA PLUTÔT DÉCOUPER LE GÂTEAU.
!!
KIMIHITO...
QUAND TU PRENDRAS TA PAUSE, PRÉPARE-TOI UNE TASSE DE CAFÉ.
TU SAIS, CELUI QUI EST SUPER BON.
ET FAIS-EN UNE POUR KEITA AUSSI.

OKAAY YYYY YYY !!
ARRÊTE DE CRIER.
IL Y A DÉJÀ LA QUEUE DEHORS, VA COMPTER COMBIEN ILS SONT ET DISTRIBUE LES MENUS DU JOUR.
CORNERS COFFEE
Ça fait quatre ans que Harumi et moi avons réalisé le rêve dont on n'arrêtait pas de parler à l'université.

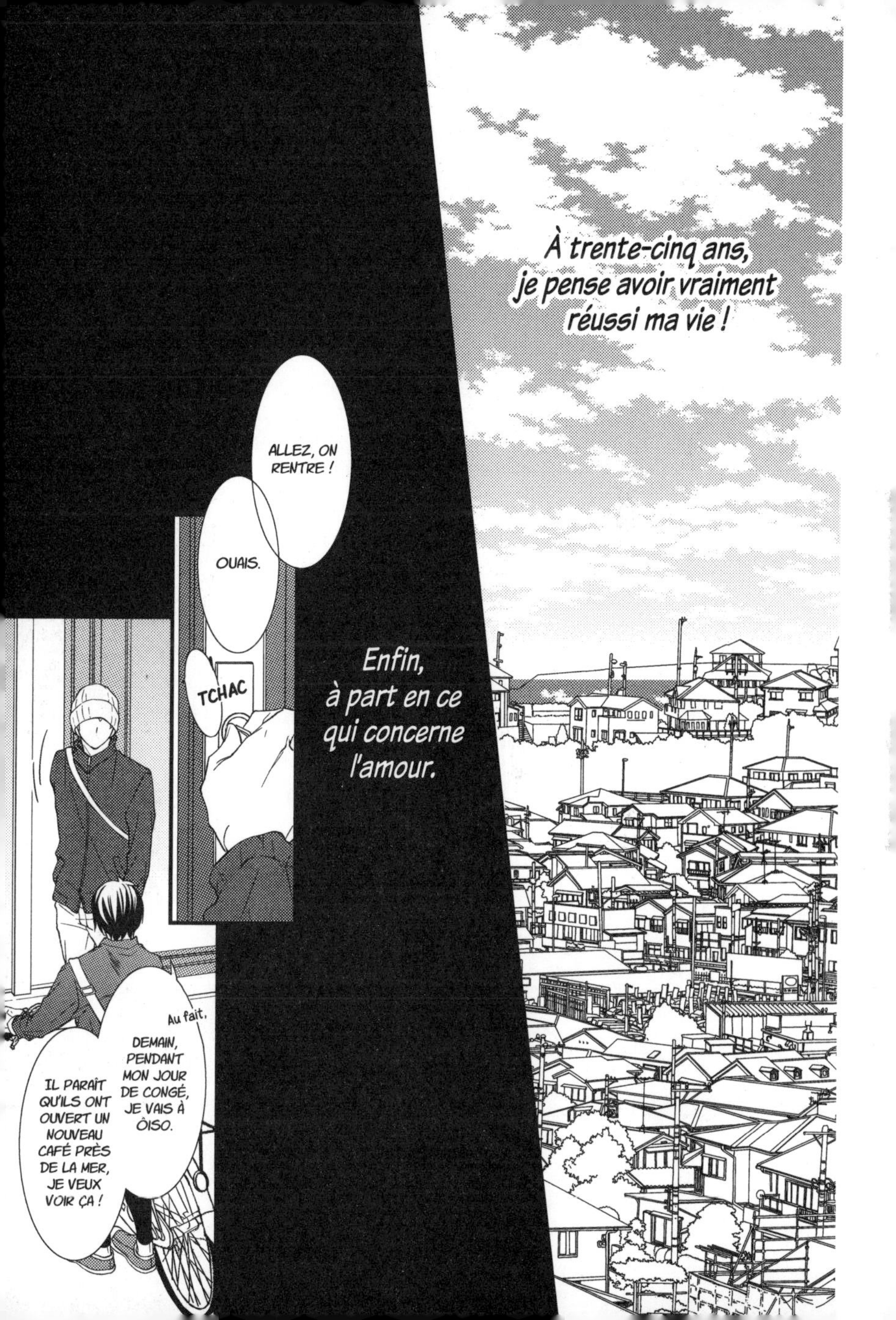
À trente-cinq ans, je pense avoir vraiment réussi ma vie !
Enfin, à part en ce qui concerne l'amour.
ALLEZ, ON RENTRE !
OUAIS.
TCHAC
Au fait, DEMAIN, PENDANT MON JOUR DE CONGÉ, JE VAIS À ÔISO.
IL PARAÎT QU'ILS ONT OUVERT UN NOUVEAU CAFÉ PRÈS DE LA MER, JE VEUX VOIR ÇA !

MAIS D'ABORD, TU DEVRAIS NETTOYER TON APPART.
ARGH !
Y'A PAS DE « ARGH » QUI TIENNE... CHAQUE FOIS QUE TU AS DES CONGÉS, TU VAS VAGABONDER SOUS PRÉTEXTE D'ALLER INSPECTER LES NOUVEAUX CAFÉS QUI ONT OUVERT...
JE DEVRAIS PAS AVOIR À FAIRE UN SERMON À UN VIEUX DE TRENTE-CINQ ANS.
UN VIEUX DE TRENTE-CINQ ANS ?!
BRRRRRRR
AH !
DÉSOLÉ.
PASSE-MOI TON VÉLO.
HEIN ?
TCHAC
JE LE METTRAI DANS LE PARKING DE L'IMMEUBLE.
TU SORS CE SOIR, NON ?
... OK, MERCI.

... ET IL VOUDRAIT QUE J'UTILISE MON DOUBLE DES CLÉS POUR ENTRER CHEZ LUI SANS PRÉVENIR, CET IDIOT...
N'EMPÊCHE...
IL EST SACRÉMENT OBSERVATEUR, HARUMI... ENFIN, ON SE CONNAÎT DEPUIS LONG-TEMPS, DONC C'EST SANS DOUTE NORMAL.
MAIS J'AURAIS PRÉFÉRÉ QU'IL NE LE REMARQUE PAS...
J'ai pris conscience trop tard de mes sentiments pour lui.
Dès l'entrée à l'université, on s'est tout de suite bien entendus, et on a compris aussitôt qu'on était tous les deux gays...

VOUS AVEZ ROMPU ?!
HEIN ?!
PAS SI FORT !
CHUCHOTE
MAIS TU CHERCHAIS UN APPARTEMENT POUR QUE VOUS PUISSIEZ VIVRE EN-SEMBLE APRÈS L'UNIVERSITÉ !
CHUCHOTE
ON N'Y PEUT RIEN. IL NE RESSENTAIT PAS LA MÊME CHOSE, APPAREM-MENT.
TU RIGOLES... ?
DE TOUTE FAÇON, C'EST FAIT, C'EST COMME ÇA...
ON N'Y CHANGERA RIEN.

Je l'ai remarqué trop tard.
Et notre relation s'est construite sans que je n'ose jamais rien lui dire.
MERCI DE M'AVOIR ENVOYÉ UN MESSAGE ! TU NE VAS PAS EN COURS DEMAIN ?
Exit

DÉSOLÉ, AU FAIT… JE ME SUIS RAPPELÉ TROP TARD QUE TU ÉTAIS VENU TRAVAILLER EN VÉLO.
AH, T'INQUIÈTE PAS POUR ÇA ! HARUMI VA RAMENER LE VÉLO DANS LE PARKING.
NON, PAS LE MATIN.
AH BON, D'ACCORD.
GRIP
Et dire que…

Je voulais une vie toute simple, moi !!
AAH... AAH... AAH... AAH... AAH... AAH... AAH...
TREMBLE TREMBLE
TU ÉTAIS EN MANQUE ?
COMMENT TU LE SAIS ?!
PARCE QUE TU CRIES VRAIMENT FORT.
N... NON... C'EST JUSTE LA FATIGUE APRÈS LE BOULOT, C'EST TOUT...
FLAP FLAP
HUM...
KEITA, ATTENDS... JE VAIS ALLER ME DOUCHER... JE SUIS DÉGUEULASSE, J'AI TRANSPIRÉ AUJOURD'HUI.
JE M'EN FOUS... CE SERAIT DU GÂCHIS.
DU GÂCHIS ??
J'AIME TON ODEUR.
SNIF
?!

180cm
175cm
AU FAIT, TU VEUX BIEN M'EMBRASSER ? TU ES TROP GRAND, KIMI-SAN, JE N'Y ARRIVE PAS TOUT SEUL...
BISOUUUU
Hh...
NH...
BISOU
Slurp
BISOU
Hh...
...
HH...
MH !
AAH !
GRIP !
TIENS, PRÉPARE-TOI TOUT SEUL.
HEIN ?!
ET FAIS-LE DEVANT MOI.

NON, J'AI TROP HONTE !!
CLAC
UN PEU TARD POUR AVOIR HONTE, NON ? ET PUIS, IL FAUT BIEN QUE TU M'AIDES UN PEU, PAS VRAI ?
DONNE LA PATTE.
PLIC
PLIC
PLIC
EH, JE SUIS PAS UN CHIEN !
CRIIC
PLIC
PLIC
HHH...

FLAP
FLAP
.....
Haa...
BOBOM
UH...
Haa...
FUIP
FUIP
HHH...
NH...
BOBOM
Haa...
FLOUP
FLOUP
LÈVE LA TÊTE.
HEIN ?
MH !!
FLOUP
TU PEUX M'AIDER À LA FAIRE DURCIR UN PEU ?
FLUIP
FLUIP
WHAM...
HH...
UUH...

Hh...
BOBOM
SLURP
SLURP
Hh...
Aah...
Flap
Flap
Flap
BOBOM
JE VAIS RECULER LENTEMENT...
ASPIRE BIEN.
Hh...
Hh...
Aspiiiire...
GNAP!
!

SPLURT
SPLURT
SPLURT
Oh... T'AS JOUI.
......
BOBOM
BOBOM
C'EST PAS DU JEU...
Ah...
Haa...
AH BON ?
AH...
PAF
PAF
AH !
PAF
AAH !

Hh...
Haa...
MES TÉTONS FROTTENT...
KIMI-SAN, C'EST BON ?
AH...
OUI...
Ting
Ting
Frotte
Frotte
Frotte
C'EST TROP BON... AAH !
PAF
PAF
PAF
Splurt
LÈVE UN PEU LES HANCHES...
CAMBRE-TOI...
HH... !
GLISSE
PAF
FLAP
GNHHHH !
...
BOBOM
BOBOM

AH !
PAF !
PAF
PAF
Haa...
AH !
AH !
PAF !
Haa...
Plic
Plic
Haa...
KEITA... EN...
FUIP
ENCORE...
Piiince...
HH...
HHH !!
BOBOM
FLOUP
FLOUP
NNN HHH !!
CONTRACTE..
CONTRACTE..
BOBOM
BOBOM

CRIIC
TU... TU VAS BIENTÔT JOUIR, LÀ, NON ?
Haa...
PAF !
AHH... MERDE...
BOBOM
BOBOM
Haa...
OUI...
JE VAIS JOUIR
PAF !
PAF !
...!!
PAF !
PLIC...
SPLURT !!
TREMBLE
TREMBLE
TREMBLE
TREMBLE
TREMBLE

AH ! MINCE, J'AI FAIT UNE BOULETTE...
HAA...
QUOI ?
HAA
JE VOULAIS TE FAIRE JOUIR EN TE REGARDANT DANS LES YEUX, KIMI-SAN...
ALLEZ, ON REMET ÇA.
QUOI!! !!!!! ??
ATTENDS, LAISSE-MOI ME REPOSER !!
J'AI TROP FORCÉ SUR MON CORPS, LÀ...
ぐったり
ÉPUISÉ...

Criiic
En même temps, Keita a 14 ans de moins de moi... À chaque fois, j'ai l'impression qu'il s'adapte à moi, mais là...
AAH... JE SUIS DÉJÀ CONTENT D'AVOIR EU LA FORCE DE RENTRER CHEZ MOI...
EST-CE QUE JE VAIS QUAND MÊME À ÔISO ?
POUF
ENFIN... N'EMPÊCHE, C'ÉTAIT DRÔLEMENT BON...
TRÈS BON...
Keita devra sans doute bientôt se trouver un vrai travail, non ?
Il a quoi, 21 ans ? Il lui reste encore un an avant de quitter la fac...
Il va certainement finir par quitter son temps partiel chez nous pour trouver un job à plein temps...
VRRRR...

C'EST KEITA ?
MAIL
1234@daremo.ne.jp
08 : 49
Salut, t'es réveillé ? Désolé mais tu pourrais passer au café avant de sortir en ville ?
TING !
SALUT.
WHAAM...
SALUT ! C'ÉTAIT QUOI, CE MESSAGE ? IL SE PASSE UN TRUC ??
BEN... MOI AUSSI, ÇA M'A SURPRIS, POUR ÊTRE HONNÊTE.

J'AI REÇU ÇA HIER...
EN RÉSUMÉ, IL ME DEMANDE SI ON NE VEUT PAS OUVRIR UN DEUXIÈME CAFÉ DANS UN CENTRE COMMERCIAL DE TOKYO... CE SERAIT PRÉVU POUR DANS DEUX ANS.
centre comm
position
s un ma
planter
n qu'ave
objectif s
e pensais c
faire des rec
sur internet
EUH...
COMMENT DIRE...
e ne vais pas pass
rop de temps sur
ça fait un bail !
Tu dois être surp
mon travail est
notre amitié ??
Qu'est-en dis ?
Vois ça comm
Si ça t'intéres
Si ça te dit ?
si ça te dit ?
connais son
Ce messag
plein de so
jour de co
ÇA M'A L'AIR COMPLIQUÉ, COMME PROJET...
Directeur commercial
Masato Komori

C'est l'ex de Harumi !!
BIENVENUE
IL VA BIENTÔT ARRIVER.
OK.
Qu'est-ce qu'il avait en tête quand il a proposé qu'ils se revoient, Harumi ? Aah, ça m'énerve ! Quand tu romps avec quelqu'un, c'est censé être fini pour toujours !
Et même avant leur rupture, j'avais l'impression qu'il le menait un peu par le bout du nez...
...
En plus, depuis que Komori l'a largué alors que Harumi cherchait un appartement pour vivre avec lui, j'ai une très mauvaise image de lui...
C'est beau de pardonner, mais fais attention à ne pas te faire avoir une deuxième fois !
Tu as déjà oublié les larmes que tu as versées pour lui, Harumi ?

CAFÉ DE KYÔTO SPÉCIAL !
Enfin, bref...
Instantané
CAFÉ DE KYÔTO SPÉCIAL !
ガしっ!
GRIP
on ne sort pas ensemble, alors je n'ai pas le droit de me plaindre, mais...
AU FAIT, TU SAIS QUOI ? C'EST LA PREMIÈRE FOIS QUE JE VAIS RENCONTRER KOMORI-KUN.
AH BON ? C'EST VRAI ?
OUI... ON N'ÉTAIT PAS DANS LE MÊME GROUPE D'AMIS ET TU NE ME L'AS JAMAIS PRÉSENTÉ.
PSCHHH...
PSCHHH...
TOUT CE QUE JE SAIS DE LUI, C'EST QU'IL EST INTELLIGENT ET PLUTÔT BEAU GOSSE...

ATTENDS... NE ME DIS PAS QUE TU AS VRAIMENT L'INTENTION D'OUVRIR UN DEUXIÈME CAFÉ À TOKYO ?
ON EN REPARLERA UNE FOIS QUE J'AURAI DISCUTÉ AVEC MASATO.
HEIN ??

HARU...
TOC TOC TOC !
CRIIC
BONJOUR !
DÉSOLÉ DE T'AVOIR FAIT LEVER TÔT ALORS QUE C'EST TON JOUR DE CONGÉ...
Pour moi, ce café est lié à Harumi.
C'est notre café, dont je veux continuer à prendre soin, que je veux chérir, sans que rien ne change jamais.
J'ai comme un mauvais feeling...

ÇA FAIT UN BAIL !!
Je suis peut-être à un tournant de ma vie... ?

Five Corners
COFFEE
CHAPITRE 2
Maintenant que j'y pense, j'ai lu quelque part dans un livre...
Que la période entre 35 et 39 ans était souvent synonyme de changement dans la vie des gens.
Puis, quand on atteint la quarantaine, c'est là qu'on devient vraiment perdu et que la crise commence.
ENCHANTÉ, JE M'APPELLE MASATO KOMORI !
ARUMI M'A SOUVENT PARLÉ DE TOI QUAND ON ÉTAIT À LA FAC, KIMIHIKO-KUN.
RAVI DE TE RENCONTRER ENFIN.

TOUT LE PLAISIR EST POUR MOI.
Mais moi, j'ai encore cinq ans devant moi avant d'atteindre 40 ans !
C'EST VRAIMENT UN BEL ENDROIT, ICI !
FIVE CORNERS COFFEE

*Le Shônan désigne le littoral touristique de la préfecture de Kanagawa (au sud-ouest de Tôkyô), autour de la baie de Sagami.

EH SI.
C'est quoi cette conversation ?!
Sérieux...
J'ai l'impression d'être un personnage secondaire en train de regarder la réunion de deux amants qui ne sont plus revus depuis longtemps !
Mais je travaille ici, moi aussi ! Je suis le co-propriétaire ! Je suis important !
Moi, Kimihiko Nosaka, je suis un personnage principal !
TIENS.
MERCI.
SINON, COMMENT TU AS SU QU'ON TENAIT CE CAFÉ ?
JE L'AI APPRIS PAR HASARD SUR LES RÉSEAUX SOCIAUX...

ET ENSUITE, JE ME MIS À SUIVRE TON ACTUALITÉ… TU AS DONNÉ UNE INTERVIEW POUR UN MAGAZINE, PAS VRAI ?
OUAIS…
ÇA M'A VRAIMENT SURPRIS QUAND J'AI VU TA PHOTO DESSUS !
JE ME SUIS DIT QUE C'ÉTAIT LE DESTIN…
Eh ! J'étais à côté de lui sur cette photo, mais il m'ignore complètement !
SLUUURP
!
MMH…
IL EST VRAIMENT BON, CE CAFÉ ! SUR INTERNET, J'AI LU QUE LE CAFÉ ICI ÉTAIT MEILLEUR QUE PARTOUT AILLEURS ! JE SUIS TROP CONTENT !
C'EST VRAI ? MERCI BEAUCOUP !
…..

BON, PASSONS AU VIF DU SUJET.
LE LOCAL À LOUER SE TROUVE SUR L'AVENUE KOSHU KAIDO À SHINJUKU, À ÉGALE DISTANCE ENTRE LA STATION HATSUDAI ET LA GARE DE SHINJUKU.
LES RESTAURANTS SONT ENTRE LE 30ème ET LE 33ÈME ÉTAGE, AINSI QU'ENTRE LE 2ème ÉTAGE ET LE PREMIER SOUS-SOL. L'IDÉAL SERAIT D'IMPLANTER FIVE CORNERS COFFEE QUELQUE PART ENTRE LE 2ème ÉTAGE ET LE SOUS-SOL.
QUANT À LA FRÉQUENTATION, VU L'ENDROIT, CE SONT MAJORITAIRE-MENT DES EMPLOYÉS DE BUREAU. EN COM-PARAISON, IL Y A UN PEU PLUS DE FEMMES QUE D'HOMMES... L'ÂGE MOYEN DE FRÉQUEN-TATION EST ENTRE 20 ET 30 ANS, PARFOIS 40 ANS, MAIS PENDANT LES JOURS FÉRIÉS, LA MOYENNE AUGMENTE UN PEU.
J'AI ESSAYÉ DE FAIRE DES PRÉVISIONS DE FRÉQUENTATION PENDANT LES JOURS DE TRAVAIL ET LES JOURS FÉRIÉS POUR UNE BOUTIQUE SITUÉE AU PREMIER ÉTAGE DU BÂTIMENT, N'HÉSITE PAS À Y JETER UN ŒIL. J'AI PRIS EN COMPTE LES SAISONS ET LA MÉTÉO, MAIS GARDE EN TÊTE QUE CE NE SONT QUE DES PRÉVISIONS.
EH OH...
Elle est passée où, la conversation insouciante de tout à l'heure ?
Il devient vachement autoritaire, là !

On dirait qu'il veut nous pousser à accepter son idée sans même qu'on se pose de questions...
En même temps, je peux comprendre, parce que je bossais comme commercial dans mon travail précédent... Si le client hésite, dans 80% des cas, c'est gagné.
Il faut qu'il pense un peu à nos sentiments aussi !
Harumi...
Il n'y pense pas sérieusement, quand même ?
BON, POUR AUJOURD'HUI, C'ÉTAIT JUSTE UNE DISCUSSION D'INTRO-DUCTION AU PROJET...
ON A ENCORE DU TEMPS DEVANT NOUS, DONC N'HÉSITE PAS À Y RÉFLÉCHIR.
POC POC

HONNÊTEMENT, JE PENSE QUE C'EST UNE IDÉE QUI NE PEUT QUE VOUS PLAIRE.
SE LANCER DANS UN NOUVEAU BUSINESS, C'EST UN VRAI PARI.
HI HI...
UNE IDÉE QUI PARAÎT NOVATRICE ET ORIGINALE PEUT ÊTRE COMPLÈTEMENT DÉPASSÉE SIX MOIS PLUS TARD.
QUAND L'OPPORTUNITÉ SE PRÉSENTE, IL FAUT CHOISIR ENTRE LA SAISIR OU RECULER.

JE SERAIS VRAIMENT HEUREUX SI TU ACCEPTAIS DE M'AIDER À LA SAISIR.
FIVE CORNERS COFFEE
090-1
POC
TIENS.
TU L'AS FAIT AVEC LE BON CAFÉ, CETTE FOIS ?
JE NE VOIS PAS DE QUOI TU PARLES.

TU DIS QU'ON PARLERAIT QUAND KOMORI-KUN SERAIT PARTI.
TU NE VEUX PAS OUVRIR UN DEUXIÈME CAFÉ, TOI ?
BON, JE RENTRE...
OUAH ! VOUS ÊTES ENCORE EN TRAIN DE BOSSER SUR UN PROJET ?

CLAC CLAC CLAC
EH OUI...
ÇA NE M'ÉTONNE PAS DE VOUS, KOMORI-SAN... JE PEUX REGARDER LE DOSSIER ?
OUI, VAS-Y.
HUM ? UN PROJET DE BUSINESS COMMUN... POUR UN CAFÉ DE KANAGAWA ?
OUI.
EUH... VRAIMENT ?
MAIS... VOUS DISIEZ QUE VOUS NE FERIEZ JAMAIS DE PROJET COMMUN PARCE QU'IL Y A DE PLUS GRANDES CHANCES QUE ÇA CAPOTE...
OUI, JE SAIS...
SI JE VEUX VRAIMENT AGRANDIR CE CAFÉ.

IL FAUDRA LE DÉTRUIRE POUR MIEUX LE RECONSTRUIRE.
TU NE M'ÉCOUTES PAS, LÀ !
JE NE SUIS PAS EN TRAIN DE DIRE QUE JE REFUSE, JE DIS JUSTE QUE C'EST ENCORE TROP TÔT POUR ÇA ! EN PLUS, EN S'IMPLANTANT À TOKYO, ON AURA DU MAL À GARDER L'ATMOSPHÈRE DE LA BOUTIQUE !
ON VOULAIT FAIRE DE CE CAFÉ UN ENDROIT TRAN-QUILLE, OÙ IL FAIT BON VIVRE, EN PLEINE VERDURE, À DEUX PAS DE LA MER... COMMENT TU VOUDRAIS FAIRE ÇA À TOKYO ?
MOI, JE ME SUIS TOUJOURS DIT QUE...
TANT QU'ON ÉTAIT ENSEMBLE, TOI ET MOI, ON SERAIT CAPABLES DE FAIRE N'IMPORTE QUOI.

AVEC TOI, RIEN NE ME FAIT PEUR. DEPUIS LA FAC, JE TE CONSIDÈRE COMME MON PARTENAIRE IDÉAL.
... HEIN ?
POURQUOI TU ME DIS ÇA D'UN COUP... ?
Du calme ! Il parle juste de travail !
C'EST POUR ÇA QUE ÇA ME DONNE ENVIE DE RELEVER DES DÉFIS...
Quand j'y réfléchis,
Harumi, contrairement à moi, est du genre à se consacrer corps et âme à un projet.
Ça ne lui ressemble pas de s'emballer comme ça pour un plan qui a l'air un peu foireux.
Un peu comme pour ses ex... Il a toujours eu des relations sérieuses, le genre dont on se rappelle jusqu'à la fin de sa vie...

Vouloir habiter avec Komori-kun, pour Harumi,
AH... MAIS...
MAIS ALORS...
ça revenait presque à dire qu'il voulait l'épouser...
HARUMI...
EST-CE QUE TU RÉFLÉCHIS À CE PROJET POUR ESSAYER DE TE FAIRE BIEN VOIR PAR KOMORI-KUN ?

Au fait...
... PARDON ?
Il est amoureux de quelqu'un en ce moment, Harumi ?

BZZZ
.....
ÇA A COUPÉ ?
Kimi-san
BIP
BIP
JE FERAIS MIEUX DE LE RAPPELER...
Ouah ! Désolé, Keita ! Tu as vu mon appel ? Pardon, pardon, je me suis trompé !
AH...
Je voulais appeler un ami, pardon ! Ah, au fait, tu ne travailles pas demain, si ? Profite bien de ton jour de congé !
Tu cries trop fort...
BON ALLEZ, JE...

Kimi-san, tout va bien ?
POURQUOI TU DIS ÇA ?
Je sais pas… une intuition ?
J'ai des capteurs
Une intuition ? Qu'est-ce que tu racontes encore…
CRIIC
OÙ EST-CE QUE TU ES, LÀ ?
Je suis chez moi. Au fait, Keita, tu me parles de façon drôlement familière, en ce moment…
Quand on est tous les deux, ça va, mais au travail, il faudrait que tu me vouvoies...
JE VIENS CHEZ TOI.
… Hein ?
J'EN AI POUR UNE HEURE DE ROUTE ENVIRON, NE T'ENDORS PAS ENTRE-TEMPS, OK ?
Eh, ça va pas la tête ? Je travaille tôt demain, moi !
JE SAIS.
SCHLING
Je te dis de ne pas venir ! Qu'est-ce que tu feras si Harumi te voit ? On habite dans le même immeuble, tu le sais, non ?!
OUI, MAIS PAS AU MÊME ÉTAGE, ÇA IRA.
Ne viens pas !!

CLAC
J'arrive.
TCHAC
TCHAC
Désolé, Keita...
JE PENSAIS QUE TU ÉTAIS EN TRAIN DE PLEURER.
DÉSOLÉ, MAIS NON.
AU FAIT, IL N'Y A PLUS DE TRAIN... JE PEUX DORMIR ICI CE SOIR ? S'IL TE PLAÎT ?
C'EST TOUJOURS QUAND TU ME DEMANDES UN TRUC QUE TU TE MONTRES POLI...
Désolé de m'incruster.
JE TE PRÉPARERAI UN ŒUF AU PLAT DEMAIN POUR LE PETIT-DÉJEUNER.
PFF... OK, OK...

TIENS...
TU PLEURAIS VRAIMENT, ALORS ?

JE ME SUIS DISPUTÉ AVEC HARUMI...
JE L'AI ACCUSÉ DE NE PAS SAVOIR SÉPARER SA VIE PRIVÉE ET SON TRAVAIL...
POURQUOI J'AI DIT ÇA... ?
J'AURAIS PU CHOISIR DE LE DIRE AUTREMENT, MAIS J'AI CHOISI DE LE BLESSER...
POUF
JE PENSE QU'ON ARRIVERA À TRAVAILLER NORMALEMENT DEMAIN...

MAIS J'AI PEUR QU'IL N'ARRIVE PAS À L'OUBLIER...
Si j'ai sorti un truc pareil,
c'est parce que j'étais jaloux.
TIENS ? C'EST RARE QUE TU M'EM-BRASSES, KEITA... EN FAIT, C'EST LA PREMIÈRE FOIS, NON ?
ÇA FAIT UN MOMENT QUE JE VEUX TE POSER LA QUESTION, KIMI-SAN... JE SUIS LE SEUL TYPE AVEC QUI TU COUCHES ?
Je sais que tu as souvent des rencards...

POUR L'INSTANT, OUI... POURQUOI ?
?
SURSAUTE
POUIC
!
SURSAUTE
Fuip
JE VAIS FAIRE EN SORTE QUE TU NE SOIS PAS TROP TENDU DEMAIN.
SURSAUTE
Fuip
JE VAIS ÊTRE TON COACH...

Haa...
SLURP
SLURP
Haa...
POUIC
FLOUP
FLOUP
MH...
FUIP
FUIP
...
NHH...
ON VA DANS TA CHAMBRE ?
Haa...
NON...
ICI...
Haa...

ÇA NE VA PAS ÊTRE INCONFORTABLE POUR TOI ?
SI C'EST LE CAS, ON...
BOUGE...
RA...
SLURP
AH...
HH...
HH...
SLURP
SLURP
HH...
AH !!
SLURP
AH...
HAA...
SLURP
SLURP
FLOUP
Fluip
FLOUP
NNNH...

BOUGE TES HANCHES ...
NON... C'EST PAS UNE BONNE IDÉE...
ÇA CRAINT...
Haa...
HH...
BOUGE
Haa...
BOBOM
Haa...
JE...
JE POURRAI PAS M'AR-RÊTER...
FLOUP
BOUGE
FLOUP
AAH! ♥
BOBOM
C'EST PAS GRAVE, N'ARRÊTE PAS, CONTI-NUE DE BOUGER.
ÇA M'EST ÉGAL QUE TU M'EN METTES PARTOUT.
HEIN... ??
J'AI ENVIE DE TE VOIR DÉGOULINER DE PARTOUT, KIMI-SAN.
QUOI ??
FLOUP
OUA AAH...

KE... KEI...
QUOI ?
FLOUP
FLOUP
QUOI...?
POURQUOI TU NE LA METS PAS JUSQU'AU BOUT ?
FUIP
FUIP
FUIP
PARCE QUE JE N'AI PAS PRIS LE TEMPS DE TE PRÉPARER, ALORS J'Y VAIS DOUCE-MENT.
TU EN VEUX ENCORE ?
PAF
PAF
PAF
HH...
AAH...
TU VEUX QUE JE TE LA METTE ?
POUIC
POUIC
NGHH... !!
TREMBLE
O... OUI...
POUSSE
FLOUP
TU VEUX QUE J'AILLE JUSQU'AU BOUT ?
TREMBLE
OUI... !!
TREMBLE
TREMBLE

VOILÀ, ELLE EST RENTRÉE EN ENTIER...
Haa...
TREMBLE
Haa...
C'EST BON ?
TREMBLE
SI SEULEMENT TU POUVAIS TOMBER AMOUREUX DE MOI...
T'AS DIT QUOI ?
... NON, RIEN.

501
KAIDA
Veuillez laisser un message après le bip sonore...
DÉSOLÉ DE T'APPELER EN PLEINE NUIT...
.....
... JE RAPPELLERAI PLUS TARD.
090-
Message enregistré.
.....

EST-CE QUE JE DEVRAIS...
LUI DONNER UNE RÉPONSE DÈS DEMAIN... ?
FLOUP
.....
AH...
JE VAIS...
BOBOM
BOBOM
SPLURT !
SPLURT !
Aah...
DÉSOLÉ... JE T'EN AI MIS UN PEU SUR LE VISAGE...
Aah...
BOBOM
.........!!
FUIP

UH...
Haa...
C'ÉTAIT TROP BON,
BOBOM
Haa...
KIMI-SAN...
......
FLOUUUP...
BOBOM
JE NE SAIS PAS QUOI FAIRE...

FIVE CORNERS COFFEE

Five Corners
COFFEE
CHAPITRE 3

IL NE M'A PAS ENVOYÉ DE MESSAGE...
.....
ET SI J'ALLAIS FAIRE UN PEU DE FOOTING ?
Je mentirais en disant que mon cœur n'a pas fait un bond quand j'ai reçu ce mail.
HAA...
Bien entendu, j'ai tout de suite compris que c'était pour une histoire de travail... Et de toute façon, je ne m'attendais pas à autre chose non plus.
HAA...

« Est-ce que tu réfléchis à ce projet pour essayer de te faire bien voir par Komori-kun ? »
ÇA FAIT DES ANNÉES QUE JE SUIS AMI AVEC KIMIHIKO...
IL M'A DÉJÀ VU DANS MES PIRES MOMENTS.
Quand j'ai pleuré après ma rupture avec Masato, ou bien encore maintenant...
ÇA NE SERT À RIEN DE FAIRE SEMBLANT.
Sa présence à mes côtés est tellement natu-relle que je n'ai même pas été choqué quand j'ai commencé à le voir sous une autre lumière.
GONG !
GONG !
CLAP !
CLAP !

FAITES QUE HARUMI OBTIENNE SON DIPLÔME DE CUISINIER ! FAITES QU'ON PUISSE ÉCONOMISER SUFFISAMMENT POUR OUVRIR NOTRE CAFÉ-RESTAURANT DANS TROIS ANS !
EH !
SI TU DIS TES VŒUX À VOIX HAUTE, IL PARAÎT QUE ÇA NE SE RÉALISE PAS.
MAIS SI, T'INQUIÈTE ! DIEU A PLEIN DE VŒUX À EXAUCER, DE LA PART DE MILLIONS DE PERSONNES, ALORS C'EST IMPORTANT D'ATTIRER SON ATTENTION.
Tu crois que tu vas réussir à attirer son attention comme ça ?
J'AI ENCORE UN VŒU SUPER IMPORTANT À FAIRE !
QUOI ? T'AS ENCORE UN TRUC À LUI DEMANDER ?
Jusque-là, quand je tombais amoureux, ça m'arrivait toujours soudainement, sans prévenir.
JE VEUX TROUVER L'AMOUR !
HEIN ??
SÉRIEUX, IL PRIE VRAIMENT POUR ÇA ?
Mais...

Kimihiko est entré dans mon esprit tout doucement.
TIENS... ?
JE N'AVAIS JAMAIS REMARQUÉ QU'IL ÉTAIT SI...
La personne la plus proche de moi... mais aussi la plus inaccessible.
J'ai remarqué mes sen-timents trop tard.

EN PLUS, IL PASSE SON TEMPS À COUCHER AVEC TOUT LE MONDE, MAIS IL LAISSE JAMAIS PERSONNE S'APPROCHER TROP PRÈS...
IL A L'AIR D'UN ABORD FACILE, MAIS IL EST TOUJOURS SUR SES GARDES... IMPOSSIBLE À CONQUÉRIR...
QUEL IDIOT, DE TOMBER AMOUREUX COMME ÇA...
IMPRENABLE !
HA HA HA HA
C'est le château d'Osaka, en fait !!
Le seul qui pourra faire plier Kimihiko, ce sera celui dont il tombera amoureux.
Mais à mon avis,
PLIC
Je ne sais pas comment ça se passera quand il s'engagera enfin dans une histoire d'amour...
PLIC

ARGH... J'AURAIS DÛ CHOISIR UN CIRCUIT PLUS COURT.

... Hein ?

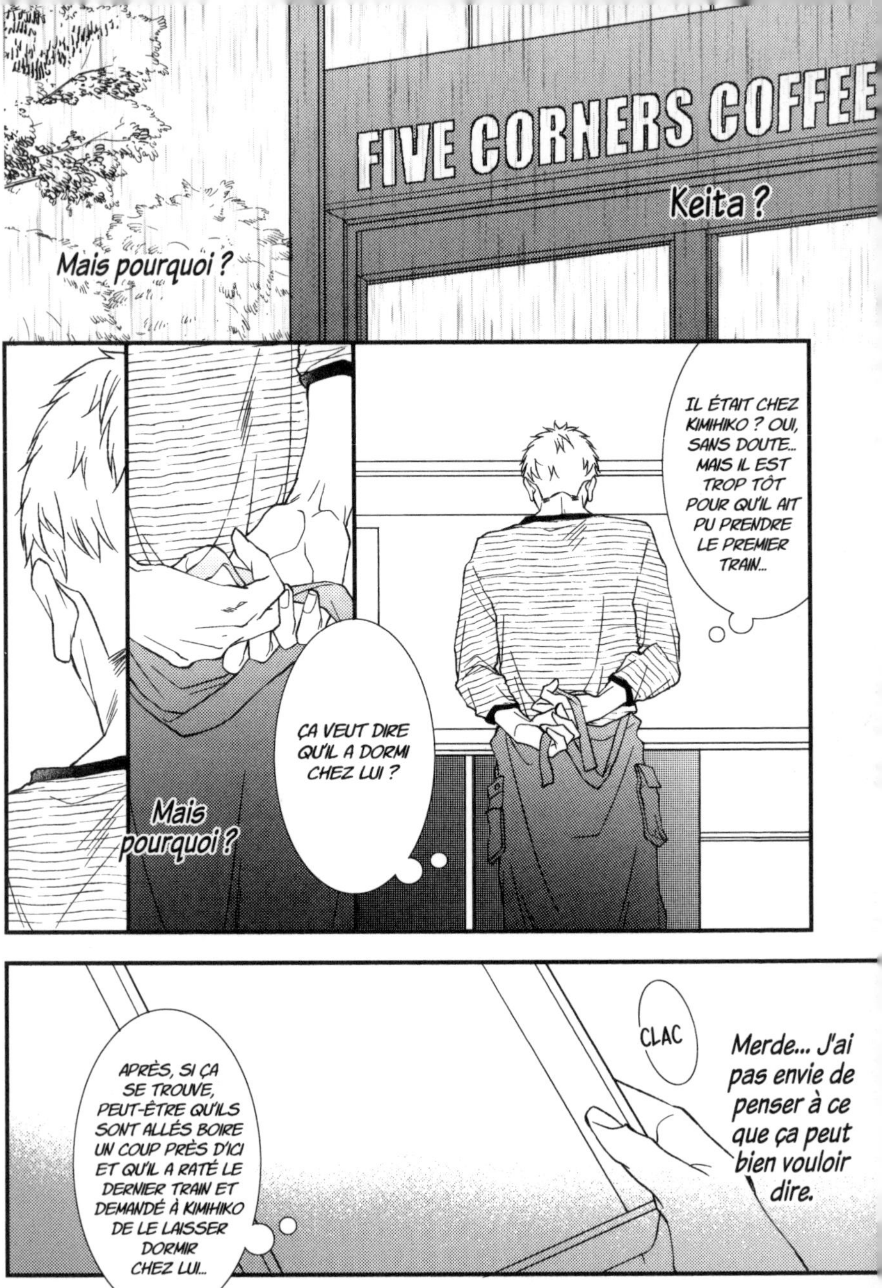
FIVE CORNERS COFFEE
Keita ?
Mais pourquoi ?
IL ÉTAIT CHEZ KIMIHIKO ? OUI, SANS DOUTE... MAIS IL EST TROP TÔT POUR QU'IL AIT PU PRENDRE LE PREMIER TRAIN...
ÇA VEUT DIRE QU'IL A DORMI CHEZ LUI ?
Mais pourquoi ?
CLAC
Merde... J'ai pas envie de penser à ce que ça peut bien vouloir dire.
APRÈS, SI ÇA SE TROUVE, PEUT-ÊTRE QU'ILS SONT ALLÉS BOIRE UN COUP PRÈS D'ICI ET QU'IL A RATÉ LE DERNIER TRAIN ET DEMANDÉ À KIMIHIKO DE LE LAISSER DORMIR CHEZ LUI...

Mais cette écharpe appartient à Kimihiko...
SALUT.
SALUT...
POURQUOI T'ES LÀ AUSSI TÔT ?
LE PLAT DU JOUR REQUIERT UN PEU PLUS DE TEMPS DE PRÉPARATION, AUJOURD'HUI.
AH, OK...

Merde... C'est dur de faire la conversation alors que je suis en train de bouillir à l'intérieur. Et en plus, on ne pourra pas non plus discuter de la situation du café tant que je n'aurai pas reçu de réponse de Masato...
N'EMPÊCHE, L'AMBIANCE EST VRAIMENT PLEINE DE MALAISE, AUJOURD'HUI...
FSCHHHH
Au final, quelle est la place que je veux avoir auprès de Kimihiko ?

FSCHHHH
AAH
TCHAC
TCHAC
TCHAC
LES PÂTES CARBO...
HAHAHA !
NON, C'EST VRAI ?!
OUI, JE TE JURE !
« Je voudrais qu'on puisse toujours se sentir en confiance l'un avec l'autre... »

KIMI ! LES PÂTES CARBO SONT PRÊTES.
NANA-CHAN, TES PÂTES SONT PRÊTES ! JE VAIS LES CHERCHER.
NON, ATTENDS ICI, NANAKO. TU VAS DÉRANGER KIMI-KUN.
JE VEUX VENIR AVEC TOI !
MAIS NON, PAS DU TOUT ! VIENS, NANA-CHAN !
TIENS, NANA-CHAN, VOILÀ TON ASSIETTE.
MERCI !
KIMIHIKO...
JE VAIS PRENDRE MA PAUSE.
S'IL Y A UN PROBLÈME, APPELLE-MOI, D'ACCORD ?
OKAY !
.....

Franchement, j'ai un gros respect pour les couples mariés qui tiennent un commerce ensemble.
MAIS BON, ON N'EST PAS MARIÉS, LUI ET MOI...
HAA...
QUAND J'Y PENSE, JE CROIS QU'ON NE S'EST JAMAIS DISPUTÉS UNE SEULE FOIS, AVEC KIMIHIKO...
HARU-SAN, VOUS ÊTES EN PAUSE ?

KEITA !
C'EST RARE... D'HABITUDE, À CETTE HEURE-CI, C'EST TOUJOURS KIMI-SAN QUI PREND SA PAUSE.
AH, OUI... LA FAMILLE TOGAWA EST LÀ,
AVEC NANA-CHAN.
AH OUI... C'EST LA PETITE QUI ADORE KIMI-SAN, C'EST ÇA ? CHAQUE FOIS QU'ELLE VIENT, ELLE EST PENDUE À SES BASQUES.
SLUUURP
TU VOULAIS VOIR KIMI ?
HEIN ? AH, OUI...
JE VOULAIS LUI DONNER ÇA.
EST-CE QUE VOUS POURRIEZ LUI DONNER POUR MOI ?

L'écharpe de ce matin...
TU TRAVAILLES DEMAIN, NON ?
POURQUOI TU ES VENU EXPRÈS POUR LUI RENDRE AUJOURD'HUI ?
IL ME L'A PRÊTÉE IL Y A UN MOMENT... ET LA TEMPÉRATURE SE REFROIDIT, CES DERNIERS TEMPS,
ALORS JE ME SUIS DIT QU'IL VALAIT MIEUX QUE JE ME DÉPÊCHE DE LA RENDRE.
Il l'a depuis un moment... ?

... D'AC-CORD, JE LUI DONNERAI.
TIRE
NANA-CHAN A DE LA CHANCE, NON ?
?
QUAND ON DEVIENT ADULTE, ÇA DEVIENT COMPLIQUÉ D'EXPRIMER CLAIREMENT SES SENTI-MENTS.
ON EST BLOQUÉS PAR DE NOM-BREUSES CHOSES.

BON, JE VIENDRAI TRAVAILLER DEMAIN.
Merci pour l'écharpe.
KEITA !

TU ES AMOUREUX DE KIMIHIKO ?

OUI, JE SUIS AMOUREUX DE LUI.
TCHAC...

JE...
JE VOUS RESPECTE ÉNORMÉMENT TOUS LES DEUX, HARU-SAN.
JE VOUS L'AI DIT QUAND J'AI PASSÉ MON ENTRETIEN D'EMBAUCHE... MOI AUSSI, JE RÊVE D'OUVRIR MON CAFÉ UN JOUR.
J'économise pour ça.
VOUS ÊTES MES MODÈLES, TOUS LES DEUX.
C'EST POUR ÇA QUE ÇA M'EMBÊTE UN PEU DE RÉPONDRE À CETTE QUESTION...
SCHLACK
C'EST VRAI QUE TU AVAIS DIT ÇA, AU DÉBUT...
VOUS AVEZ ENCORE D'AUTRES QUESTIONS À ME POSER ?
NON...
ON SE VERRA DEMAIN AU TRAVAIL.
D'ACCORD.
SPLASH
JE SUIS SURPRIS...

IL S'EN DOUTAIT, ALORS...
IL AVAIT REMARQUÉ CE QU'IL Y A ENTRE KIMI-SAN ET MOI.
Mais il est dur à déchiffrer...
Je suis con, ou quoi ?? Pourquoi je lui ai posé cette question ??
EN PLUS, IL A VOULU ÉVITER LA DISCUSSION...
BZZ ZZZ
BZZ ZZZ ZZZ
BZZ ZZZ ZZZ

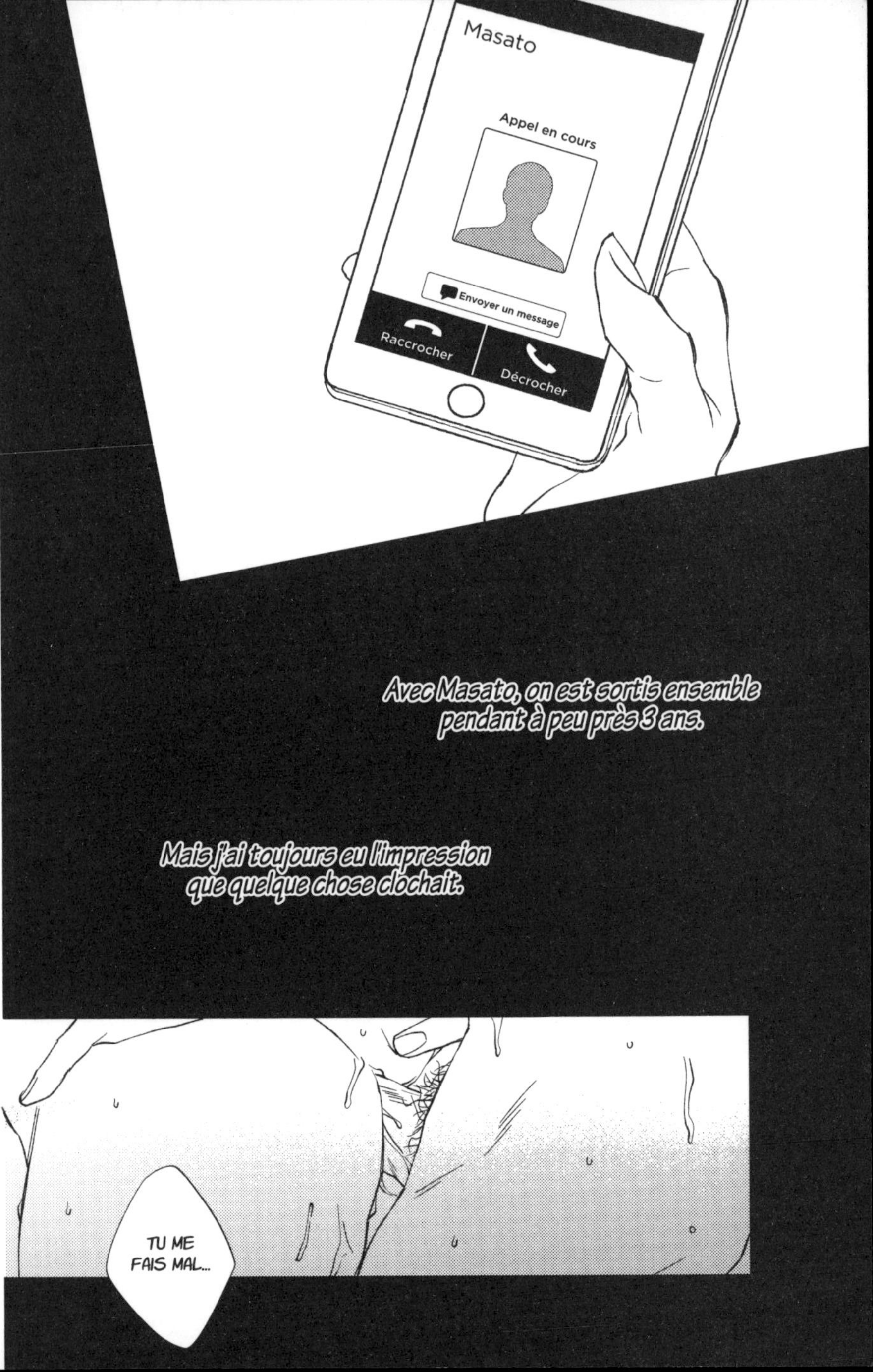

Masato
Appel en cours
Envoyer un message
Raccrocher
Décrocher
Avec Masato, on est sortis ensemble pendant à peu près 3 ans.
Mais j'ai toujours eu l'impression que quelque chose clochait.
TU ME FAIS MAL...

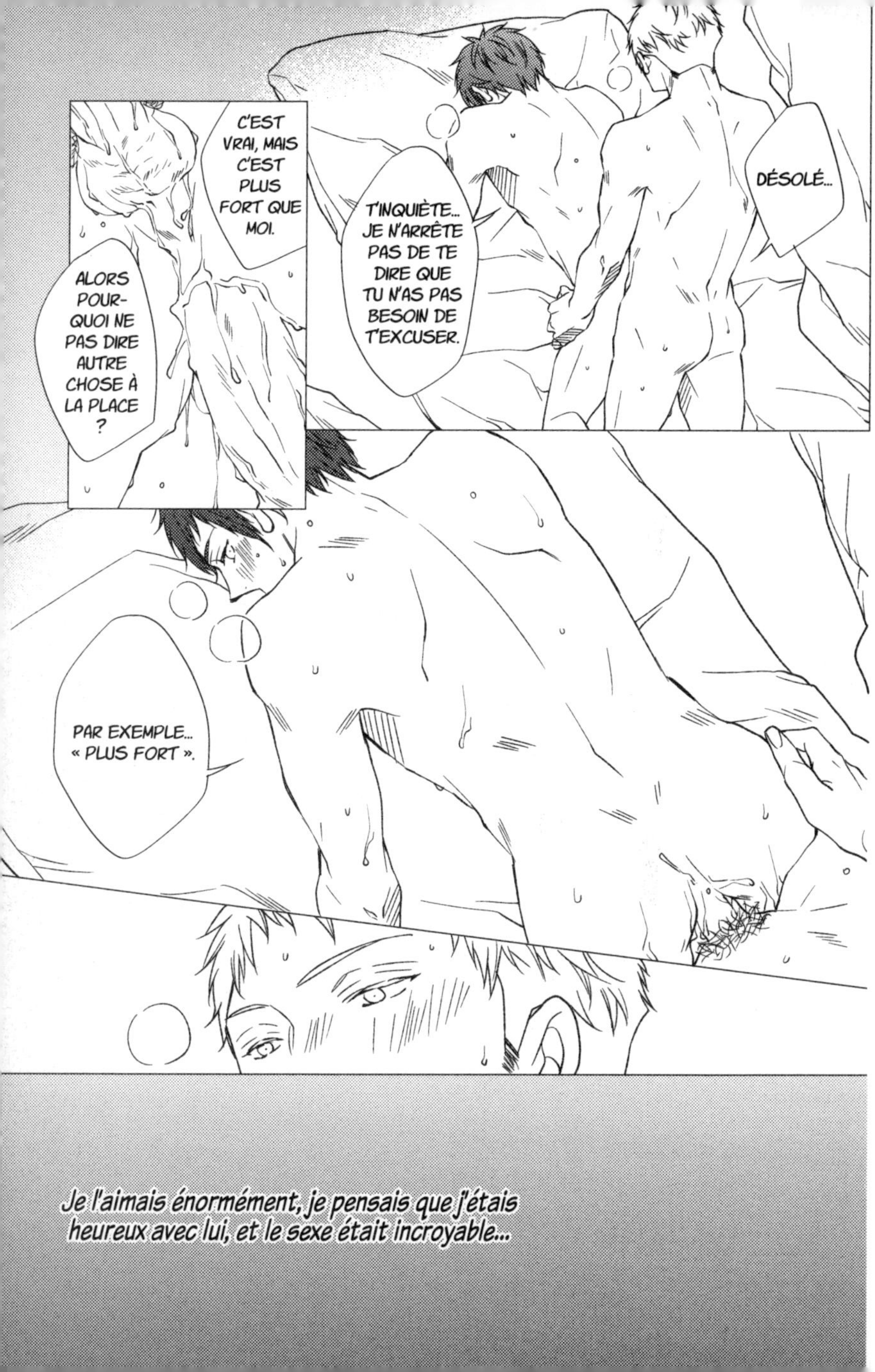
DÉSOLÉ...
T'INQUIÈTE... JE N'ARRÊTE PAS DE TE DIRE QUE TU N'AS PAS BESOIN DE T'EXCUSER.
C'EST VRAI, MAIS C'EST PLUS FORT QUE MOI.
ALORS POURQUOI NE PAS DIRE AUTRE CHOSE À LA PLACE ?
PAR EXEMPLE... « PLUS FORT ».
Je l'aimais énormément, je pensais que j'étais heureux avec lui, et le sexe était incroyable...

.....
HAA...
AAH...
PLAF
PLAF
PLAF
AH...!
Hh...
Hh...
FLAP
FLAP
FLAP
Mais je n'arrivais pas à me débarrasser de l'impression qu'il y avait une pièce du puzzle qui ne correspondait pas.
MERDE...
JE VAIS JOUIR...
RECULE
ATTENDS...

TU PEUX JOUIR À L'INTÉRIEUR.
MAIS JE N'AI PAS MIS DE CAPOTE...
TREMBLE
Haa...
TREMBLE
Haa...
C'EST PAS GRAVE,
VAS-Y.
FLOUP
À l'époque, je ne savais pas pourquoi j'avais cette impression, mais maintenant, rétrospectivement...
je comprends.

Masato n'exprimait jamais ses sentiments.
TU M'ÉCOUTES, HARUMI ?

OUI, JE T'ÉCOUTE.
MENTEUR, TU ES DANS LA LUNE DE-PUIS TOUT À L'HEURE !
JE NE SUIS PAS DANS LA LUNE !
C'EST PAS LE MOMENT DE ME PERDRE DANS MES SOUVE-NIRS...
AH... IL S'EST PASSÉ TANT DE CHOSES, AUJOURD'HUI.
CLAC
CLAC
POUR-QUOI TU RANGES TOUT ?
PARCE QUE ÇA NE SERT À RIEN. TU NE M'ÉCOUTES PAS.
JE T'AI DIT QUE JE T'ÉCOU-TAIS...
NON, TU NE M'ÉCOUTES PAS !
PAF !

HARUMI, TU SORS AVEC KIMI-HIKO-KUN ?
HEIN ?
PAS DU TOUT. JE SUIS CÉLIBATAIRE, EN CE MOMENT.
CLAC CLAC
CLAC
HUM...
TU VOIS, J'AI TOUJOURS EU UN PRINCIPE...
Glisse
... QUOI ?
SURSAUTE

NE JAMAIS REVOIR UN DE MES EX.
BIEN SÛR, JE NE LEUR DIS PAS, MAIS JE LES EFFACE COMPLÈTEMENT DE MON ESPRIT. IL Y A DES GENS QUI AIMENT PARLER DE LEURS ANCIENNES HISTOIRES, MAIS MOI, JE N'Y PENSE MÊME PLUS.
QUAND ON SE SÉPARE DE QUELQU'UN, ÇA VEUT DIRE QU'ON NE VOULAIT PLUS QUE CETTE PERSONNE FASSE PARTIE DE NOTRE FUTUR, ALORS POURQUOI ROMANTISER LA RELATION ? POURQUOI EN PARLER COMME SI C'ÉTAIT UN BON SOUVENIR ?
PIRE, IL Y A DES GENS QUI DISENT QUE LEUR EX LEUR MANQUE... POURQUOI VOULOIR FAIRE REVIVRE UNE HISTOIRE QUI S'EST TERMINÉE ?
C'EST UNE PERTE DE TEMPS, TU NE TROUVES PAS ?
... MAIS ALORS, POURQUOI TU AS VOULU ME REVOIR ?

BONNE QUESTION...
TU TE FICHES DE MOI, C'EST ÇA ?!
HI HI !
TU T'ÉNERVES TOUJOURS AUSSI VITE.
FLAP
OUI, POURQUOI... ?

À la fac, quand j'embrassais Harumi,
nos baisers étaient toujours pleins d'amour...
... du moins, c'est le vague souvenir que j'en ai.
Five Corners COFFEE CHAPITRE 4
HI HI
DÉCIDÉMENT...

CE SONT TES BAISERS À TOI QUE JE PRÉFÈRE, HARUMI.
Five Corners COFFEE
CHAPITRE 4
TCHAC
TCHAC
PFIOU...
CLAC

JE SUIS TROP FATIGUÉ...
VRAIMENT CREVÉ.
Il n'a même pas bougé d'un millimètre...
Est-ce qu'il est amoureux de Kimihiko-kun ?
Je me doutais bien qu'ils ne sortaient pas ensemble... C'est pour ça que je me disais que ce serait facile de les séparer, mais...
PFFF... C'EST PAS DRÔLE.
Si c'est impossible en passant par Harumi, je devrais peut-être essayer en passant par Kimihiko-kun.
« ... MAIS ALORS, POURQUOI TU AS VOULU ME REVOIR ? »
POUF
Je voulais juste vérifier quelque chose.

Zoom sur un café particulier
Ces deux-là continuent à se fréquenter ? Même dix ans après ?
Quand j'ai vu la photo, j'ai été surpris de ressentir un pincement au cœur.

Est-ce qu'il va me sortir qu'il ne sait pas quoi faire ?
Dès que j'aurai ma réponse, je rentre chez moi.
N'EMPÊCHE, IL N'A PAS AUTANT VIEILLI QUE CE QUE JE PENSAIS. IL A JUSTE L'AIR UN PEU PLUS RONCHON ? IL DOIT AVOIR DU SUCCÈS AVEC LES CLIENTS...
PAR CONTRE, IL N'A PAS CHANGÉ... IL CONTINUE À DÉTOURNER LE REGARD QUAND ON LUI PARLE.
Mais...
Ça ne m'a pas fait un choc de le revoir... et je ne me sens pas particulièrement nostalgique non plus... Alors pourquoi j'ai réagi comme ça en voyant cette photo ?
Est-ce que c'était une bonne idée de venir ici ? Je perds mon temps...

Quand je pense que ses grandes mains ont parcouru mon corps à une époque...
Qui peuvent-elles bien toucher en ce moment ?
... JE PENSE VRAIMENT À DES TRUCS BIZARRES, MOI.

... Pourquoi est-ce que je suis jaloux ?
HH...
FLAP
FLAP

IL FAUT VITE QUE J'AILLE PRENDRE MON BAIN ET QUE JE ME REMETTE À ÉTUDIER MES DOSSIERS...
OUAH, JE SUIS DUR COMME LA PIERRE... C'EST TROP BON...
J'ÉTAIS TROP FATI-GUÉ POUR ME TOU-CHER, CES DERNIERS TEMPS...
FLOUP FLOUP
JE ME METS UN DOIGT... ? ALLEZ, RIEN QU'UN PEU...
FUIP
AH... C'EST BIZARRE...
ÇA RENTRE SUPER FACILE-MENT...
Ça fait depuis combien de temps que je ne m'étais plus mis un doigt ? Je me masturbe de temps en temps, mais ça fait un bail que je n'ai plus couché avec qui que ce soit...

Harumi avait une grosse queue... C'était toujours trop bon, quand il me prenait.
ET QUAND IL AVAIT UN PEU BU, ENSUITE, IL PRENAIT SON TEMPS POUR ME CHAUFFER... AH, J'ADORAIS ÇA...
AAH...
MH...
C'EST... ICI...
Hh...
Hh...
HH...
FUIP

AH... !
BOBOM
BOBOM
AH !
Haa...
TROP BON...
Haa...
JE VAIS JOUIR... C'EST PAS LE MOMENT DE ME REPLONGER DANS MES SOUVENIRS...
CONTRACTE...
Depuis toujours, je suis plutôt doué pour déchiffrer les gens. Ils n'ont qu'à dire un mot ou deux, et je comprends tout de suite à quoi ils pensent.
ÇA MONTE...
ÇA MONTE... !
En plus de ça, je me connais parfaitement... Je sais toujours où je dois aller et ce que je dois faire.

Mais quand je sortais avec Harumi, je faisais des choses que je ne comprenais pas moi-même, et ça m'irritait.
La chose la plus étrange dont je me souvienne, c'est quand je lui ai dit que je voulais rompre.
On s'était disputés la veille, alors j'avais dit ça pour lui faire un peu peur.
FUIP
D'ACCORD.
Mais il l'a accepté sans broncher.
Pourtant, c'était lui qui était censé être le plus amoureux, entre nous deux ! Il avait même commencé à chercher un appartement pour qu'on puisse habiter ensemble après nos études !
Tu étais amoureux de moi !!
Notre relation était sérieuse, pour toi !!

JE N'AI JAMAIS COMPRIS POURQUOI JE ME SUIS MIS À PLEURER CE JOUR-LÀ.
ENFIN, J'AI UNE PETITE IDÉE, MAIS BON...
PFF... À QUOI ÇA SERT DE RESSASSER LE PASSÉ ?

CRIIIC
Aaah... Quelle galère...
Je sais que j'étais énervé, mais c'était vraiment lamentable de ma part de ramener la vie privée dans une discussion d'affaires (même si c'était avec un ex).
En plus, j'ai passé mon temps à l'éviter et je n'ai pas encore trouvé le courage de m'excuser...
WHAM
JE N'AI PAS L'IMPRESSION QUE HARUMI SOIT DÉJÀ ARRIVÉ...
JE ME DEMANDE SI L'AMBIANCE VA ENCORE ÊTRE MALAISANTE AUJOURD'HUI... ENFIN, C'EST DE MA FAUTE, MAIS BON...
C'EST DUR DE FAIRE COMME S'IL NE S'ÉTAIT RIEN PASSÉ...
MÊME SI C'EST DE MA FAUTE, MAIS BON !!
QU'EST-CE QUE TU FOUS, DÉBILE ?

?!#★%?!
ARRÊTE DE RÔDER AUTOUR DU CAFÉ COMME UN PERVERS... ÇA VA JASER DANS LE VOI-SINAGE.
METTONS-NOUS AU BOULOT.
SALUT...
SALUT. J'AI UNE RÉUNION DE QUARTIER À 8H, ALORS TU TIENDRAS LA BOUTIQUE AVEC KEITA PENDANT CE TEMPS-LÀ.
OK...
TCHAC
TCHAC
TCHAC
Combien de temps encore pourra-t-on rester à deux ?

Il n'y a encore pas si longtemps que ça, on s'amusait et on rigolait, sans avoir le moindre doute sur quoi que ce soit...
Et moi, comme un imbécile, j'étais persuadé que ça durerait toute la vie... Je n'avais aucune preuve, pourtant.
ON NE SAIT JAMAIS CE QUI SE PEUT SE PASSER DANS LA VIE... UN SIMPLE PETIT GRAIN DE SABLE DANS L'ENGRENAGE PEUT TOUT FAIRE DÉRAILLER, COMME MAINTENANT.
Mais au moins, ça m'a permis de comprendre une chose avec certitude...
Je ne veux pas perdre Harumi.
Schling
KIMI...

J'AI PARLÉ AVEC MASATO, HIER SOIR.
À PROPOS DU CAFÉ ?
ÉVIDEMMENT. QUOI D'AUTRE ?
TU PENSAIS QUE JE VOULAIS ME REMETTRE AVEC LUI ?
C'EST UNE HISTOIRE VIEILLE DE DIX ANS, ÇA.
JE N'EN AI PAS L'INTENTION.

APRÈS NOTRE DISCUSSION, JE SUIS RENTRÉ CHEZ MOI, J'AI RÉFLÉCHI ET RÉFLÉCHI...
ET JE ME SUIS DÉCIDÉ.
POUF
JE ME SUIS RAPPELÉ TOUT CE QU'ON AVAIT PARTAGÉ AVANT D'AVOIR LE CAFÉ...
EH...
TU AS REMARQUÉ ? ON A PASSÉ PLUS LA MOITIÉ DE NOTRE VIE ENSEMBLE.
ÇA M'A MARQUÉ...
POURTANT, J'AI L'IMPRESSION QUE LE TEMPS EST PASSÉ À TOUTE ALLURE.

C'EST VRAI ? ÇA FAIT SI LONGTEMPS QUE ÇA ?
OUI, ÇA FAIT LONG-TEMPS.
J'AIME PASSER DU TEMPS AVEC TOI, KIMI.
TOUS LES JOURS.
OUAIS, NOR-MAL.
T'AS VRAIMENT AUCUNE MODESTIE, DIS DONC.
JE VAIS APPELER MASATO POUR LUI DIRE QUE JE REFUSE SA PROPOSITION.
C'EST IMPORTANT DE SAVOIR SAISIR L'OCCASION, MAIS LE PLUS IMPORTANT, POUR MOI, C'EST DE LA SAISIR AVEC TOI, KIMIHIKO.
MAIS JE VOUDRAIS QUE TU SACHES QUE J'AI QUAND MÊME ENVIE D'OUVRIR UN AUTRE CAFÉ...
JE NE SAIS PAS SI L'OCCASION SE REPRÉ-SENTERA À L'AVENIR.
MAIS SI C'EST LE CAS, CETTE FOIS, JE LA SAISIRAI.
ÇA TE VA, COMME COMPROMIS ?
OUI, ÇA ME VA...

PARFAIT !
POUF
POUR ÊTRE HONNÊTE, C'ÉTAIT COMPLIQUÉ...
QUOI DONC ?

TOUTE CETTE HISTOIRE AVEC MASATO... TU PENSAIS QUE JE VOULAIS ME REMETTRE AVEC LUI...
AH, OUI... ÉCOUTE... MES MOTS ONT DÉPASSÉ MES PENSÉES. JE SUIS DÉSOLÉ...
AU FAIT, KIMIHIKO, TU NE ME PARLES JAMAIS DE TES HISTOIRES D'AMOUR...
EUH... HEIN ?
Comme si je pouvais t'en parler !!
TU ES AMOUREUX DE QUELQU'UN ?
SCHLACK
SCHLACK
EUH... QU'EST-CE QUI T'ARRIVE, AUJOURD'HUI ? TU VEUX VRAIMENT DISCUTER DE ÇA DE BON MATIN ?
MOI, IL Y A QUELQU'UN DONT JE SUIS AMOUREUX.

JE NE L'AI JAMAIS DIT À PERSONNE...
FUIP
JE CROIS QUE JE L'AIMERAI TOUTE MA VIE.
... HEIN ??

C'EST QUI ??
POURQUOI TU NE LUI POSES PAS LA QUESTION ?
DEMANDE-LUI QUI C'EST.
ÇA VA PAS LA TÊTE ? JE PEUX PAS LUI DEMANDER ÇA !!
ET DONC ? QU'EST-CE QUI S'EST PASSÉ ENSUITE ?
IL M'A DIT QUE LE PRÉSIDENT AVAIT CHANGÉ L'ENDROIT OÙ SE TENAIT LA RÉUNION DE QUARTIER…
ET ÇA S'EST ARRÊTÉ LÀ.
DOMMAGE.
COMMENT ÇA, DOMMAGE ?? J'ÉTAIS SOU-LAGÉ, MOI !

IL A DIT QU'IL L'AIMERAIT SANS DOUTE TOUTE SA VIE... MAIS CE N'EST PAS MASATO-KUN... C'EST FORCÉMENT QUELQU'UN QUE JE CONNAIS, NON ?
ALORS QUI C'EST ?!
QUI ??
C'EST TOI, CRÉTIN.
QUOI, TU ES JALOUX ?
JALOUX ? JE NE SAIS PAS... LA DISCUSSION EST VENUE TELLEMENT SOUDAINEMENT QUE JE SUIS PLUS SURPRIS QUE JALOUX, JE CROIS...
ET ENSUITE, TU T'ES PLANTÉ DANS LES COM-MANDES.
OUI, JE SAIS...
POUF
......
JE PEUX TE POSER UNE QUESTION INDISCRÈTE ?
VAS-Y.
TU T'ES DÉJÀ BRANLÉ EN PENSANT À HARU-SAN ?

.....
.....
SÉRIEUX ?
TCHAC
JE SUIS RENTRÉ...
QU'EST-CE QUE VOUS FICHEZ, TOUS LES DEUX ?
DÉSOLÉ, MAIS ON DIRAIT QUE LA CARTE MÈRE DE KIMI-SAN A UN GROS BUG.
ME TOUCHER EN PENSANT À HARUMI... ?
MAINTENANT QUE J'Y PENSE, ÇA NE M'EST JAMAIS ARRIVÉ. POURQUOI ?

POURTANT, JE SUIS AMOUREUX DE LUI… MAIS ÇA FAIT DEPUIS QU'ON A QUITTÉ LA FAC QUE JE SAIS QU'ON NE POURRA JAMAIS ÊTRE AUTRE CHOSE QUE DES AMIS… C'EST PROFONDÉMENT GRAVÉ DANS MON ESPRIT.
Ce serait pour ça ?
HARUMI…
JE ME DEMANDE DE QUELLE FAÇON IL EMBRASSE.
Si on faisait l'amour, j'imagine que ce serait moi qui me ferais pénétrer. Est-ce que j'arriverais à exciter Harumi ?
EST-CE QU'IL AURAIT ENVIE DE ME TOUCHER ? DE ME LA METTRE ?
« J'AI ENVIE DE TE PRENDRE. »

OUAH...
VOILÀ QUE JE ME METS À L'IMAGINER, MAINTENANT... MERDE, C'EST DE LA FAUTE DE KEITA !
SPLASH
ÇA NE VA PAS PASSER SI JE NE ME TOUCHE PAS, JE CROIS...
SPLASH
OUAH, JE BANDE COMME UN CHEVAL...
POUIC
TREMBLE
.....

Haa...
C'EST BON...
Haa...
H...
UUH...
« C'EST BON, KIMIHIKO ?
FLAP
FLAP
HH...
SPLASH
MMH...
SPLASH
MERDE, C'EST PAS PRATIQUE, DANS LA BAIGNOIRE...
SPLASH

Haa...
Haa...
PLIC
JE ME DEMANDE SI HARUMI A UNE GROSSE QUEUE...
POUIC
QU'EST-CE QUE ÇA DONNERAIT S'IL ME PÉNÉTRAIT ?

AH !
Aah !
J'AI ENVIE DE LUI...
DE SA QUEUE...
AAH... ÇA M'EXCITE DE PENSER À ÇA...
MINCE...
Grip
AAH... !

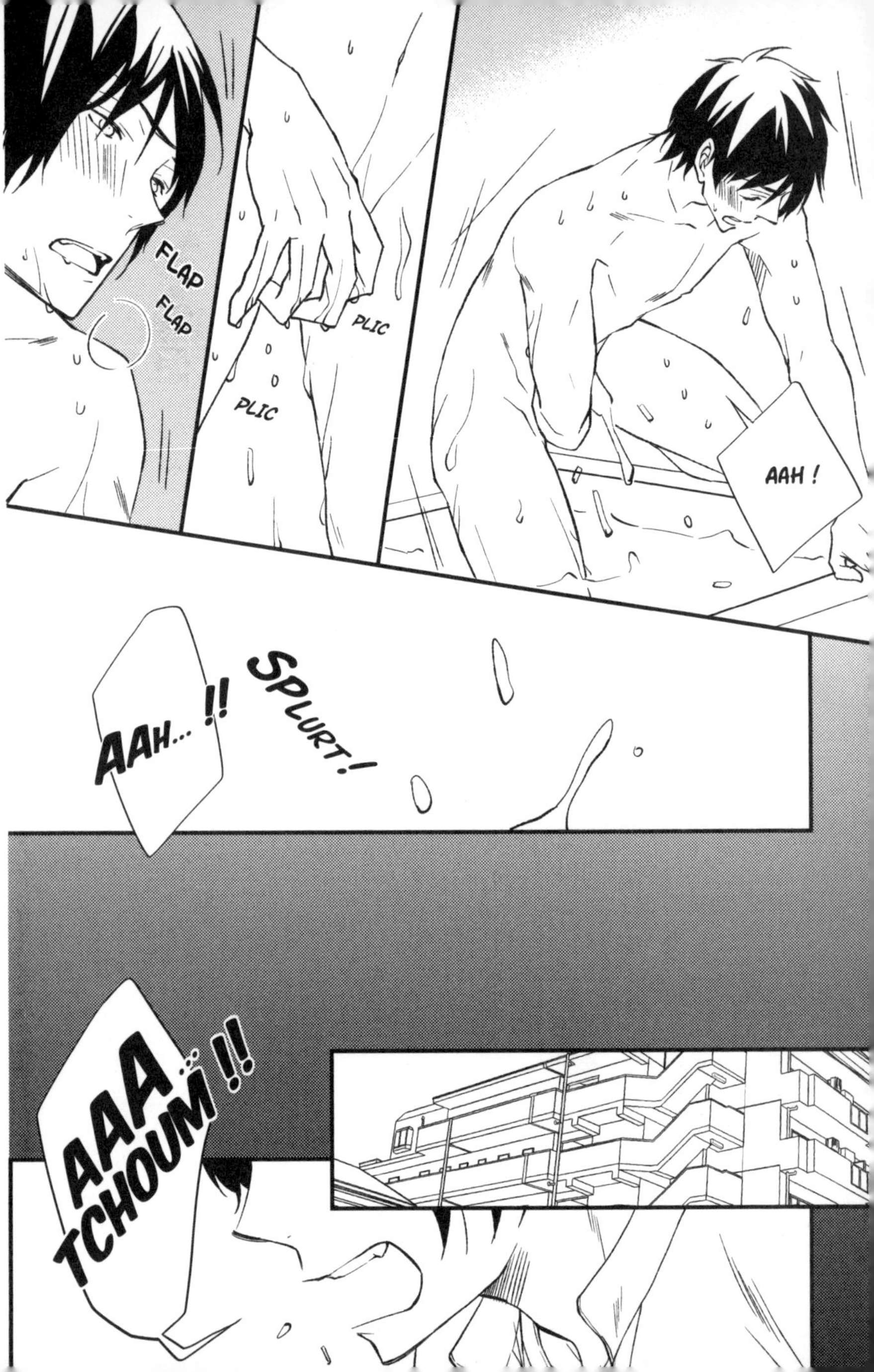
AAH !
PLIC
PLIC
FLAP
FLAP
SPLURT !
AAH... !!
AAA... TCHOUM !!

Snirfl
DING !
TAAM...
AAH... QUELLE ERREUR... J'AI PRIS FROID EN ME MASTURBANT DANS LA SALLE DE BAIN...
JE NE RECOMMEN-CERAI PLUS JAMAIS !
TIENS ? SALUT.
COMME ON SE RETROUVE... C'EST LE DESTIN,
TU TROUVES PAS ?
BOBOM
Snirfl

SALUT...
J'AI ENTENDU QUELQU'UN LÂCHER UN ÉNORME ÉTER-NUEMENT. C'ÉTAIT TOI ?
OUAIS...
OUAAAH... JE SUIS TROP GÊNÉ, LÀÀÀ... !!
LE DESTIN ?? TU PARLES !!
TU AS PRIS FROID ? ÇA VA ?
ÇA VA, ÇA VA ! TU SAIS BIEN QUE JE NE SUIS PAS SOUVENT MALADE.
JE SAIS, MAIS BON, TU COMMENCES À PRENDRE DE L'ÂGE, ALORS TES DÉFENSES IMMUNITAIRES BAISSENT...
AH, LA FERME...
N'EMPÊCHE, TU ES TOUT ROUGE... TU ES SÛR QUE ÇA VA ?
....
!!

P...
PRÉVIENS-MOI AVANT DE ME TOUCHER, IDIOT !!
HEIN ??
QUOI ?
ROUGIIIIIIT
ROUGIIIIIIT...
EUH...

... QUOI ?
Je suis ridicule... J'ai 35 ans, merde... !

Là où je travaille, la cuisine n'est pas très grande.
IL Y AURA UN MENU SUPPLÉMENTAIRE...
OK.
KIMI-SAN, IL ME FAUDRA LE DESSERT POUR LE MENU DE TOUT À L'HEURE.
AH, PARDON, JE TE L'APPORTE TOUT DE SUITE.
Alors, pendant le rush, pour deux hommes de grande taille, il est fréquent de se bousculer...
!
Five Corners COFFEE CHAPITRE 5
HA HA HA HA HA !
.....

Five Corners
COFFEE
CHAPITRE 5
IL S'EST PASSÉ UN TRUC ENTRE EUX...
Moi, je reste dans la salle, alors je suis aux premières loges pour observer de quelle façon ils interagissent, tous les deux.
JE NE PENSE PAS QU'ILS AIENT COUCHÉ ENSEMBLE, MAIS...

FIN DE LA GUERRE (= DU RUSH)
IL A DÛ SE PASSER UN TRUC ENTRE EUX, ÉMOTIONNELLEMENT...
KIMI-SAN A L'AIR SUPER NERVEUX QUAND IL EST PROCHE DE HARU-SAN...
HA HA HA HA HA HA
QUANT À HARU-SAN... IL EST DIFFICILE À DÉCHIFFRER, CET HOMME...
MAIS TOUT DE MÊME, ÇA SE VOIT...
IL NE LE REGARDE PAS COMME ON REGARDERAIT UN AMI.
EN FAIT, ON DIRAIT UN COUPLE MARIÉ QUI TIENT UN COMMERCE ENSEMBLE...

TOC TOC
OUI ?
T-CHAC
TIENS, TON SALAIRE. DÉSOLÉ DE TE DÉRANGER PENDANT TON REPAS.
PAS DE SOUCI.
MERCI BEAUCOUP.
MERCI À TOI D'ÊTRE LÀ POUR NOUS AIDER... TU NOUS SAUVES LA VIE, TU SAIS.
VOUS EXAGÉREZ.
HARU-SAN...
MH ?
EST-CE QUE ÇA VOUS EMBÊTE SI JE DÉMISSIONNE UN PEU PLUS TÔT QUE PRÉVU ?
J'imagine que ça signifie qu'il est temps de mettre fin à ma relation de sex-friend avec Kimi-san...

L'ENTRE-PRISE QUE JE VISE VA COMMENCER LES ENTRETIENS D'EMBAUCHE ASSEZ TÔT...
TOUS MES AMIS COMMENCENT À SE PRÉPARER POUR ÇA,
ALORS JE ME DIS QU'IL FAUDRAIT QUE JE M'Y METTE AUSSI.
BIEN SÛR, PAS DE SOUCI.
C'EST GENTIL DE TA PART DE ME PRÉVENIR.
TU ES QUELQU'UN DE TRÈS TRAVAIL-LEUR ET DE RESPONSABLE... N'IMPORTE QUELLE ENTRE-PRISE SERA HEUREUSE DE T'AVOIR.
PAR CONTRE, ESSAIE D'AVOIR L'AIR UN PEU PLUS SOURIANT... SURTOUT PENDANT TON ENTRETIEN D'EMBAUCHE...
MES AMIS M'ONT FAIT LA MÊME REMARQUE...
JE PRÉVIENDRAI KIMIHIKO.

... D'ACCORD.
?
C'EST À CAUSE DE MOI ?
QUE TU DÉMISSIONNES PLUS TÔT ?
« TU ES AMOUREUX DE KIMIHIKO ? »

... DE QUOI PARLEZ-VOUS ?
FIVE CORNERS COFFE
Je ne sais plus quand ça a commencé...
JE SUIS DE RETOUR.
SALUT.
BON, JE VAIS PRENDRE MA PAUSE, ALORS.
OUI.
Dès que j'ai passé mon entretien pour travailler dans le café, j'ai compris qu'ils étaient du même bord que moi.

*Bottom : celui qui se fait pénétrer dans une relation homosexuelle. Celui qui pénètre est « top » (on parle de « versatile » quand quelqu'un est alternativement top ou bottom).

Ca fait bizarre de cesser notre relation...
Quand je suis entré à l'université, j'ai commencé ce petit boulot presque immédiatement... ça va faire trois ans qu'on se fréquente, maintenant.
Je n'aurais pas cru que ça durerait si longtemps... On avait toujours peur que Haru-san comprenne tout.
KIMI-SAN, VIENS VOIR.
PEUT-ÊTRE QU'IL A COMPRIS, D'AILLEURS ?
ICI.
QUOI ?
Bah, peu importe.

EH !! QU'EST-CE QUE TU FICHES ?!
HA HA !
JE VOULAIS UN DERNIER SOUVENIR.
Dans deux mois, j'arrêterai de travailler au café... Et ensuite, on ne se reverra plus jamais.
TAP
DEMAIN, J'IRAI ACHETER UN COSTUME POUR LES ENTRETIENS D'EMBAUCHE...
EST-CE QUE J'AI QUELQUE CHOSE D'AUTRE À FAIRE, EN ATTENDANT ? J'AI RENDU MES DOSSIERS POUR LA FAC...

Au fait...
MOI AUSSI, IL FAUDRA QUE J'EFFACE LE NUMÉRO DE KIMI-SAN.
QUOIQU'IL FAUDRAIT PEUT-ÊTRE QUE JE LE LAISSE JUSQU'AU DERNIER JOUR DE TRAVAIL... ?
.....
BAH, S'IL Y A UN PROBLÈME, JE CONTACTERAI HARU-SAN...
TU VEUX OUVRIR TON PROPRE CAFÉ À L'AVENIR ?
JE COMPTE D'ABORD TROUVER UN TRAVAIL QUAND JE SERAI DIPLÔMÉ DE L'UNIVERSITÉ...
ET ENSUITE, JE VOUDRAIS MONTER MA PROPRE AFFAIRE.
GENRE
HOMME
FEMME
NOM
NISHINA
TÉLÉPHONE
DATE DE NAISSANCE
ADRESSE
PRÉFECTURE DE SHINAGAWA.

C'EST BIEN, ÇA, ÇA ME PLAÎT ! ON T'ENGAGE, TU COMMENCES DEMAIN !
RAPIDE –
EH, KIMIHIKO !
MAIS ON A LES MÊMES OBJECTIFS ET LA MÊME VISION DES CHOSES ! C'EST IMPORTANT, NON ??
BOBOM
JE SERAIS RAVI DE TRAVAILLER CHEZ VOUS !
UUH...

HH...
Ça m'était complètement égal qu'il soit quelqu'un de tapageur, ou qu'il ait quatorze ans de plus que moi...
.....
.....
POURQUOI J'AI ACCEPTÉ DE COUCHER AVEC LUI ?
Quand on a commencé à coucher ensemble, ça n'avait pas de sens particulier pour lui...
UUH...
JE SAVAIS BIEN QUE NOTRE RELATION DE SEX-FRIENDS FINIRAIT PAR PRENDRE FIN UN JOUR...
Mais pour moi, c'était du sérieux.
JE N'AURAIS PAS DÛ COUCHER AVEC LUI...
UUH...
C'était la première fois que j'aimais quelqu'un à ce point.

Est-ce que je serai capable d'effacer son numéro ?
CRIIC
Horaire De
BON, VOILÀ...
TU AS FINI ?
OUI. JE POSTERAI L'ANNONCE SUR LES SITES D'EMBAUCHE.
... QU'EST-CE QU'IL Y A ?

J'AI DU MAL À ME FAIRE À L'IDÉE...
QUE KEITA DÉMISSIONNE.

... QUOI ?
... NON, RIEN.
CLAC
Si j'avais été un peu plus jeune, je lui aurais peut-être parlé de ma relation avec Keita...
HEIN ?
Mais quand on atteint l'âge que j'ai, on comprend qu'il y a certaines choses...
qu'on emportera dans sa tombe.
Et en plus...
KIMIHI...
TOC TOC

J'AI VU TON MAIL, HARUMI.
VOUS ÊTES FOUS DE REFUSER UNE OPPORTUNITÉ PAREILLE, TOUS LES DEUX !
FIVE CORNERS COFFE
POC
TIENS
MERCI.
BON, JE VAIS FAIRE LE MÉNAGE AU PREMIER ÉTAGE, HEIN...
Il prend la fuite...
... OK.
FIXE..
SI TU REFUSES PARCE QUE C'EST LUI QUI N'EST PAS D'ACCORD, RIEN NE T'EMPÊCHE DE LE LAISSER TOMBER.

TU ES VRAIMENT DIRECT, TOI...
LE TEMPS, C'EST DE L'ARGENT.
J'AI DÉJÀ VU DES TONNES DE TYPES QUI N'OSAIENT PAS SE LANCER PARCE QU'ILS AVAIENT PEUR, ET QUI RES-TAIENT DANS L'OMBRE.
C'EST LE MOMENT OU JAMAIS DE SE LANCER, HARUMI.
SI TU DÉCIDES DE LE FAIRE, TU POURRAS COMPTER SUR MON SOUTIEN TOTAL.
C'EST VRAI QUE ÇA PARAÎT ÊTRE UN PLAN PARFAIT, MAIS...

J'AI DÉCIDÉ QUE KIMIHIKO SERAIT MON PARTENAIRE POUR LA VIE.
HEIN... ? VOUS SORTEZ...
ENSEMBLE ? NON. JE PARLE D'UN POINT DE VUE PROFESSIONNEL.
CE TRAVAIL EST TOUTE MA VIE, ET LE PLUS IMPORTANT, POUR MOI, C'EST DE LE FAIRE AVEC KIMIHIKO.
JE NE VEUX PAS ME LANCER DANS UN NOUVEAU PROJET S'IL N'EST PAS LÀ POUR SE LANCER AVEC MOI.
BIEN ENTENDU, CE N'EST PAS POUR AUTANT QUE JE RENONCE À MON OBJECTIF... MAIS J'ATTENDRAI QU'IL ME DONNE SON ACCORD.
TU TIENS VRAIMENT BEAUCOUP À KIMIHIKO-KUN, HEIN... ?
IL A L'AIR AUSSI PRÉCIEUX POUR TOI QU'UN PETIT AMI.

ON EST SORTIS ENSEMBLE, TOI ET MOI, DONC TU CONNAIS BIEN MON CARACTÈRE.
QUAND J'AI UNE RELATION IM-PORTANTE AVEC QUELQU'UN, JE PRENDS SOIN DE CETTE PERSONNE JUSQU'AU BOUT.
APRÈS, SI CETTE PERSONNE ME QUITTE... C'EST PARCE QU'ELLE L'AURA DÉCIDÉ DE SON CÔTÉ.
TCHAK
!

T'ES LÀ ?
FRANCHEMENT, T'ÉTAIS GONFLÉ DE ME LAISSER TOUT SEUL AVEC LUI...
ENFIN BON... C'EST VRAI QUE C'ÉTAIT À MOI DE DÉCIDER, PAR RAPPORT À CETTE HISTOIRE AVEC MASATO...
GLISSE
AAAH... FRANCHEMENT, DEPUIS L'UNIVERSITÉ, J'AI L'IMPRESSION QUE TU ME VOIS SOUVENT SOUS UN JOUR PAS RELUISA
TOMBE
!?
KIMI ??
EH ! QU'EST-CE QUI T'ARRIVE ?
TU RIGOLES OU QUOI ? T'ES TROP CLASSE...

TU PEUX PARLER...
MERCI, HARUMI.
MERCI DE QUOI ?
JE SUIS GAY...
ALORS DÈS MON ENFANCE, JE ME SUIS SOUVENT DEMANDÉ SI J'ALLAIS TROUVER QUELQU'UN AVEC QUI JE POURRAIS PASSER MA VIE... QUELQU'UN QUE JE POURRAIS CONSIDÉRER COMME MA FAMILLE.
JE SAVAIS QUE LES CHANCES ÉTAIENT MINCES, ALORS JE VOULAIS FAIRE CONNAISSANCE AVEC LE PLUS DE GENS POSSIBLE...
JE SUIS DEVENU SUPER SOCIABLE... JE ME SUIS FAIT PLEIN D'AMIS... MAIS JE VOU-LAIS QUAND MÊME UNE RELATION PROFONDE, QUELQU'UN À QUI JE POURRAIS CONFIER MA VIE ENTIÈRE.
ET CETTE PERSONNE, POUR MOI, C'EST TOI, HARUMI...

ET ÇA ME REND TELLEMENT HEUREUX !
AH…
BOBOM
C'EST UNE BLAGUE…

IL EST TROP CHOU...
MINCE... JE...
RECULE

DÉSOLÉ...
HAHA...
HARUMI...
QUOI ?
RECOMMENCE.

ÇA FAIT SUPER LONGTEMPS QUE J'AI PAS EMBRASSÉ QUELQU'UN...
COMBIEN DE TEMPS ?
JE SAIS PLUS... ET EN PLUS, CETTE FOIS, C'EST TOI...
... RECOMMENCE, ALORS.

Après ça...
On s'est embrassés tellement de fois...
que la nuit est tombée sans qu'on s'en aperçoive.

POUF
ATTENDS, ATTENDS... ARRÊTE UN INSTANT.
JE PEUX TE DEMANDER D'ALLER FERMER LA PORTE DU CAFÉ ?
JE VAIS FERMER CELLE DE LA SALLE DE REPOS AU PREMIER ÉTAGE...

......
AH... NON, RIEN...

FERMER LA PORTE.
OK.
GRIP
LA SALLE DE REPOS...
ET SI ON ALLAIT LA FERMER À DEUX ?

VOLUME UN

Five Corners COFFEE

CHAPITRE 6

Haa...
Haa...
Haa...
NH...
Sursaute
SLURP
UUH...
SLURP
Aah...
Aah...
GRIP
ATTENDS... TU ASPIRES TROP FORT...
HAA...

FLUIP
AAH...
SURSAUTE
AH...
SURSAUTE
FLAP
FLAP
......
Ah...
PINCE
BOBOM
BOBOM
....
!!
Haa...
AH !
Pouic
Pouic
Pouic
TREMBLE
TREMBLE

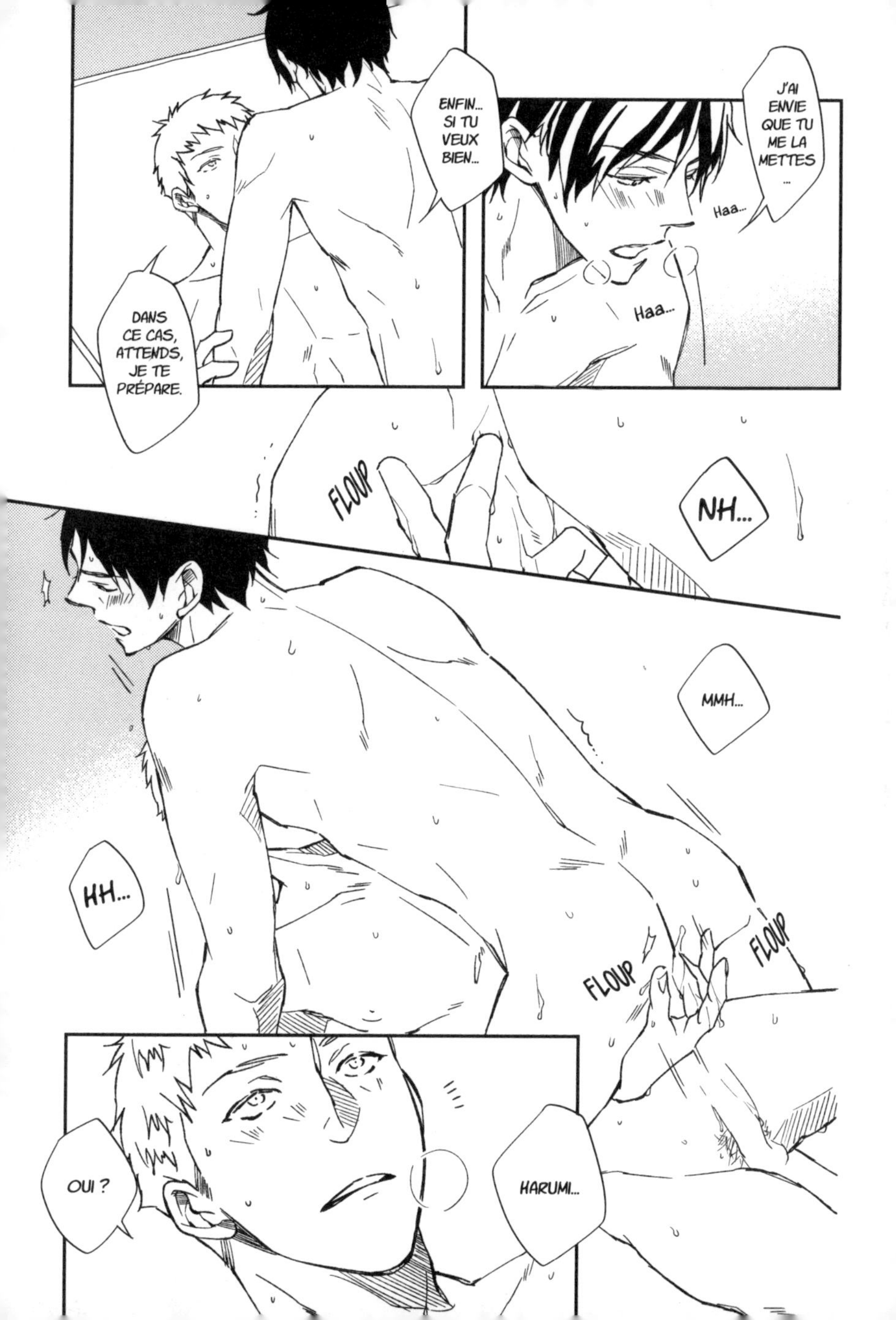
J'AI ENVIE QUE TU ME LA METTES...
Haa...
Haa...
ENFIN... SI TU VEUX BIEN...
DANS CE CAS, ATTENDS, JE TE PRÉPARE.
NH...
FLOUP
MMH...
FLOUP
FLOUP
HH...
HARUMI...
OUI ?

Haa...
J'AIME BIEN QUAND JE NE SUIS PAS TROP PRÉPARÉ...
Haa...
ALORS...
HAA...
PAF PAF
!
Aah...
PAF
C'EST... SERRÉ...
Aah...
AAH...
HAA...
Haa...

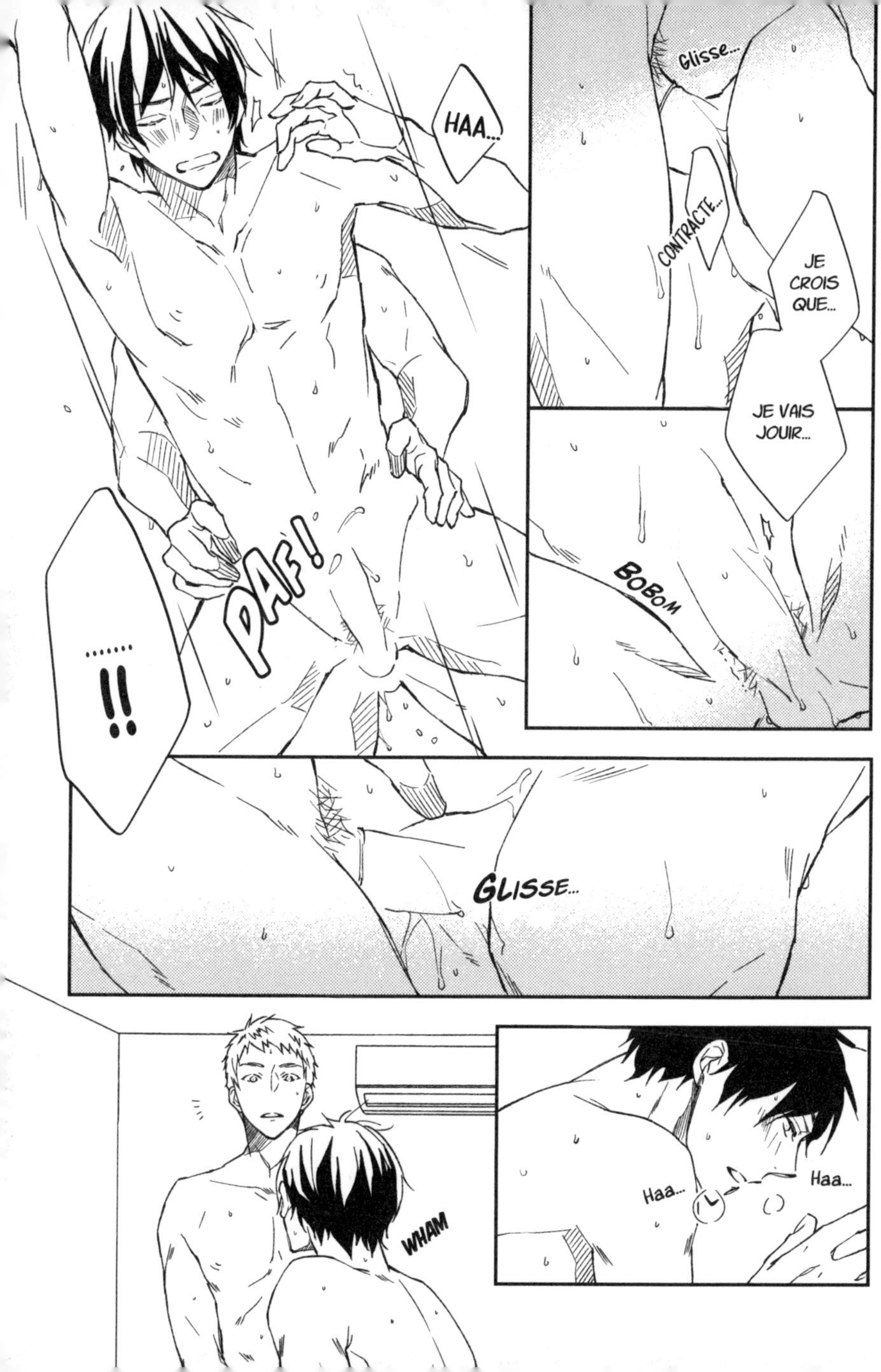
Glisse...
CONTRACTE...
JE CROIS QUE...
JE VAIS JOUIR...
BOBOM
HAA...
PAF !
......!!
GLISSE...
Haa...
Haa...
WHAM

Enlève
.....
KIMI...
SLURP
AH... ATTENDS...
AH... !
SLURP
SLURP
Aah
SLURP
HAS-Y, LÂHE-TOI.
Haa...
SLURP
.....
BOBOM
M...
BOBOM
AAAH...

CLAC !
バターン!
.....
On...
GLISSE...
GLISSE...
On a couché ensemble...

Mais ça ne change rien...
ÇA FAISAIT LONGTEMPS QUE JE N'AVAIS PAS ÉTÉ SI NERVEUX PENDANT LE SEXE...
POC
JE NE SAVAIS PAS QUE HARUMI...
POUVAIT FAIRE CETTE TÊTE-LÀ.
Qu'on couche une fois ou deux ensemble, ça ne fait aucune différence.
CE N'EST PAS À NOTRE ÂGE QUE ÇA VA CHANGER...
FSHHHH

PLIC
PLIC
JE COMMENCE LA SEMAINE PROCHAINE, ALORS !
MERCI BEAUCOUP DE M'AVOIR EMBAUCHÉE !

MERCI À TOI.
PAS LA PEINE D'ÊTRE SI NERVEUSE, TOUT IRA BIEN ! ON A BEAUCOUP DE CLIENTS RÉGULIERS,
ILS COMPREN-DRONT LA SITUATION.
D'AC-CORD !
TANT MIEUX ! MAINTENANT QU'ON A RETROU-VÉ QUELQU'UN, JE VAIS POUVOIR CONTINUER À PRENDRE DES PAUSES.
JE CROIS QU'IL FAUDRA UN MOMENT AVANT QU'ON PUISSE SE PERMETTRE DE LA LAIS-SER SEULE.
AU CONTRAIRE, ON AURA PLUS DE TRAVAIL PARCE QU'IL FAUDRA LA FORMER.
C'EST VRAI, MAIS C'EST QUAND MÊME UNE BONNE CHOSE !
ÇA SERAIT BIEN QU'ELLE SOIT AUSSI EFFICACE QUE KEITA.
ICI ON EMBAUCH
DÉCROCHE
DÉCROCHE
ÇA IRA.
ELLE AVAIT L'AIR MOTIVÉE, NON ?
C'EST POUR ÇA QUE TU AS VOULU QU'ON L'EM-BAUCHE ?
ET PUIS, ELLE EST MIGNONNE...
AH, VOILÀ LA VRAIE RAISON, HAHAHA.

ET TOI, HARUMI ? QU'EST-CE QUI T'A DONNÉ ENVIE DE L'EMBAUCHER ?
FRUTSCH
FLOUP
JE VOULAIS QU'ELLE CONNAISSE LE VOISINAGE…
PENDANT L'ENTRETIEN, ELLE M'A RAPPELÉ NOTRE PASSÉ, L'ÉPOQUE OÙ ON EST ARRIVÉS ICI.
LE BONHEUR QUE JE RESSENTAIS À L'IDÉE QUE MON RÊVE SOIT DEVENU RÉALITÉ, MAIS AUSSI MES DOUTES… QUAND JE ME DEMANDAIS SI JE POURRAIS M'HABITUER À CET ENDROIT… COMBIEN DE TEMPS JE POURRAIS CONTINUER…
ET AUSSI LES MOMENTS OÙ JE M'INQUIÉTAIS DE SAVOIR CE QUE J'ALLAIS POUVOIR FAIRE POUR REMBOURSER MON PRÊT…
CLAP

POURQUOI TU EN PARLES AU PASSÉ ? ON N'A PAS FINI DE REMBOURSER LE PRÊT… ET POURTANT, TU VOULAIS QUAND MÊME OUVRIR UN NOUVEAU CAFÉ À TOKYO.
AH, ÇA…
C'EST SANS DOUTE PARCE QUE…
AU FOND DE MON CŒUR, ÇA ME RASSURAIT DE SAVOIR QUE JE NE M'AVENTURERAIS PAS LÀ-DEDANS TOUT SEUL.
J'AI BEAUCOUP RÉFLÉCHI, APRÈS AVOIR COUCHÉ AVEC TOI.

JE ME SUIS DEMANDÉ CE QUE TU AVAIS RESSENTI QUAND ON L'A FAIT...
JE SUIS PEUT-ÊTRE TROP VIEUX POUR M'INQUIÉTER DE CE GENRE DE CHOSES, MAIS...
HEIN... ?
UNE MINUTE...
EUH...
JE NE FAIS PAS DANS LES RELATIONS SANS LENDEMAIN. ET COMME ON TRAVAILLE ENSEMBLE, JE VOULAIS QUE LES CHOSES SOIENT CLAIRES ENTRE NOUS...
QU'EST-CE QUE...
JE SAIS QUE ÇA VIENT PEUT-ÊTRE TROP TARD, MAIS...

JE SUIS AMOUREUX DE TOI, KIMIHIKO.

C'est une blague ?

ARGH !!
わ゛ぁ゛!!
POURQUOI J'AI DEMANDÉ DU TEMPS ?! J'AURAIS DÛ LUI RÉPONDRE DIRECTEMENT QUE JE RESSENTAIS LA MÊME CHOSE !!
QUAND IL A ENTENDU MA RÉPONSE, HARUMI A PROBABLEMENT PENSÉ QUE JE RÉPONDAIS ÇA PARCE QUE JE NE LE VOYAIS PAS AUTREMENT QUE COMME UN AMI POUR LE MOMENT !!
On a construit une relation extrêmement riche et profonde en tant que « meilleurs amis »... alors quand la situation change d'un coup, ça fait peur.
SI J'AVAIS ÉTÉ DANS LA VINGTAINE, J'AURAIS PEUT-ÊTRE RÉPONDU « OUI » DIRECTEMENT ET J'AURAIS EU MON HAPPY ENDING...
Mais ça fait trop longtemps qu'on est « meilleurs amis ».
EN FAIT... C'EST PLUS DIFFICILE QU'ON NE L'IMAGINE DE CHANGER UNE RELATION.
CLAC
Si ça se trouve, Harumi m'a déclaré ses sentiments parce qu'il vient juste d'en prendre conscience... ?
Même si on se met ensemble... Que se passera-t-il si jamais on finit par se quitter ?
En tant que meilleur ami, c'était facile pour Harumi de se montrer compatissant et attentionné envers moi, mais est-ce que ça sera encore le cas si on sort ensemble ?
.....

C'est vraiment compliqué, les histoires d'amour !
KIMIHIKO...
QUOI ?
Amaigri
CE SOIR, ESSAIE DE DORMIR, OK ?
JE DORS NORMALEMENT !
Ça fait peur.
TU DIS ÇA, MAIS ON DIRAIT UN ZOMBIE...
ÇA SE VOIT QU'IL NE DORT PAS...
AH BON ?

SI C'EST À CAUSE DE MOI, JE SUIS DÉSOLÉ...
CE N'EST PAS À CAUSE DE TOI, HARUMI. ENFIN, ÇA A UN RAPPORT AVEC CE QUE TU AS DIT, C'EST VRAI,
MAIS RÉFLÉ-CHIR À TA DÉ-CLARATION ET Y APPORTER UNE RÉPONSE, ÇA, C'EST MON PROBLÈME.
LAISSE TOMBER, KIMIHIKO.
HEIN ?
EN FAIT, J'ATTENDAIS TA RÉPONSE EN ME DISANT QU'IL Y AURAIT UNE PETITE CHANCE...
MAIS ÇA FAIT TROIS JOURS, MAINTENANT, ALORS ÇA NE SERT À RIEN QUE JE CONTINUE À ESPÉRER.

NON, TU TE TR...
JE PENSAIS QUE TU PRENAIS DU TEMPS À Y RÉFLÉCHIR PARCE QU'ON TRAVAILLE ENSEMBLE, MAIS...
JE TE DIS QUE TU TE TROMPES !!
EN QUOI JE ME TROMPE ?
AU FINAL, LE SEXE ENTRE NOUS, ÇA NE REPRÉSENTE RIEN, POUR TOI, NON ? TU AS ACCEPTÉ JUSTE PARCE QUE TU ÉTAIS EXCITÉ.
JE SUIS JUSTE LE REMPLAÇANT DE KEITA, C'EST ÇA ?
... HEIN ?
J'AI COMPRIS QU'IL Y AVAIT QUELQUE CHOSE ENTRE VOUS EN OBSERVANT L'ATTITUDE DE KEITA.
MAIS BON, ÇA N'A PAS D'IMPORTANCE.
POUR ÊTRE HONNÊTE, JE ME SUIS DEMANDÉ SI C'ÉTAIT PARCE TU TENAIS ENCORE À LUI QUE TU NE ME DONNAIS PAS DE RÉPONSE
ÇA M'A RENDU JALOUX...

CLAC
ON SE CONNAÎT DEPUIS UN BAIL, ALORS...
J'AI CRU QUE J'AU-RAIS UNE CHANCE.
ÇA FAIT LONG-TEMPS QUE J'AI REMARQUÉ QUELQUE CHOSE...
TU AS BEAUCOUP D'AMIS, TU ES PROCHE DE TOUT LE MONDE, MAIS TU DRESSES QUAND MÊME UNE MINCE BARRIÈRE ENTRE TOI ET LES AUTRES.
TU NE LAISSES PERSONNE ENTRER TROP PRO-FONDÉMENT DANS TON CŒUR.
ENFIN, JE SAIS QUE TU ES COMME ÇA...
EN TANT QU'AMI, JE NE VOULAIS PAS ÊTRE TROP INTRUSIF, ALORS J'AI TOU-JOURS LAISSÉ FAIRE JUSQU'À MAINTENANT.
MAIS DÈS QUE J'AI PRIS CONSCIENCE DE MES SENTIMENTS POUR TOI, J'AI SU QUE C'ÉTAIT LE BUT À ATTEINDRE.
JE VOUDRAIS VOIR NOTRE RELATION PRENDRE UNE PROFONDEUR SUPPLÉMENTAIRE... ET JE VOUDRAIS TE PROUVER QUE C'EST POSSIBLE.
MAIS SI TU NE VEUX PAS,
ALORS ON OUBLIE CETTE HISTOIRE ET ON PASSE À AUTRE CHOSE.

HUM...
ÇA NE M'ÉTONNE PAS DE TOI, HARUMI.
TU AS TOUJOURS ÉTÉ DU GENRE À AIMER PLEINEMENT, ENTIÈREMENT.
À L'UNIVERSITÉ... QUAND MASATO-KUN A ROMPU AVEC TOI, JE ME SUIS DIT, FRANCHEMENT, CE TYPE EST DÉBILE, OU QUOI ?
EN TE VOYANT PLEURER, JE ME SUIS DIT QUE C'ÉTAIT UN CRÉTIN.
ET MOI, J'AI TOUJOURS DÉSIRÉ TON AMOUR

J'AI TOUJOURS ÉTÉ AMOUREUX DE TOI, HARUMI.
TOUJOURS.
DE TEMPS EN TEMPS, J'AI ÉTÉ ATTIRÉ PAR D'AUTRES PERSONNES, MAIS JE REVENAIS TOUJOURS À TOI...
JE CROIS QUE JE T'AIMERAI JUSQU'À MA MORT.
MAIS ALORS... POURQUOI TU NE DIS PAS OUI ?
PARCE QUE NOTRE RELATION D'AMITIÉ EST TROP PARFAITE...
ON SE SENT TELLEMENT BIEN, À DEUX... SI ON SE MET ENSEMBLE ET QU'ON COMMET UNE ERREUR, ON RISQUE DE TOUT PERDRE, NON ?
JE NE VEUX PAS QUE ÇA ARRIVE.

Haa...
TU M'AIMES TANT QUE ÇA... ?
JE N'AVAIS PAS DU TOUT RE-MARQUÉ.
FORCÉMENT, PUISQUE JE FAISAIS TOUT POUR QUE TU NE LE REMARQUES PAS !
ALORS ...
IL FAUT PEUT-ÊTRE TROUVER UN AUTRE STATUT À NOTRE RELATION.
AUSSI PROFOND QUE NOTRE AMITIÉ, MAIS PLUS DURABLE ET PLUS SOLIDE QU'UNE SIMPLE RELATION AMOUREUSE.
TU VEUX DIRE... COMME UN MARIAGE ?
HA HA !
HA...
.....

ATTENDS, TU DÉCONNES ?! TU NE PENSES PAS QU'ON BRÛLE UN PEU LES ÉTAPES, LÀ ?!
JE NE VOIS PAS D'AUTRE SOLUTION.
JE NE SUIS PAS EN TRAIN DE TE DIRE QU'IL FAUT QU'ON AILLE À LA MAIRIE POUR SIGNER DES PAPIERS DE MARIAGE... MÊME SI JE T'Y ACCOMPAGNERAI DÈS QUE TU VOUDRAS Y ALLER.
MAIS PEUT-ÊTRE QU'ON POURRAIT ESSAYER DE SE METTRE DANS CET ÉTAT D'ESPRIT, POUR VOIR CE QUE ÇA DONNE ? PETIT À PETIT ?
KIMIHIKO...
OUI... ?
TU VEUX BIEN M'ÉPOUSER (PROVISOIREMENT) ?

JE... JE VEUX BIEN...
... TU PEUX PAS AVOIR L'AIR UN PEU PLUS ENTHOUSIASTE QUE ÇA ?
BI BI BI BIP
BI BI BI BIP

J'AI TROP DORMI !!
FAUT QUE... JE M'HABILLE... NON, QUE J'APPELLE HARUMI...
VITE...
ON EST MERCREDI.
Ça fait trois mois qu'on s'est (provisoirement) épousés et qu'on vit ensemble.
Le café est fermé le mercredi.
... AH OUI, C'EST VRAI...
DÉSOLÉ, JE T'AI RÉVEILLÉ ?
NON, J'AVAIS DÉJÀ COMMENCÉ À OUVRIR L'ŒIL.

Parfois, je suis perturbé...
La plupart du temps, notre relation n'est pas très différente de quand on était juste amis, ou juste copropriétaires de notre café...
Mais...
QUOI ?
Lorsqu'on échange des baisers passionnés ou qu'on fait l'amour...
JE N'ARRIVE TOUJOURS PAS À M'HABITUER À TA PRÉSENCE.
TOUJOURS PAS ? IL SERAIT TEMPS...
C'EST VRAI.

Je suis tellement soulagé que toutes ces années passées à l'aimer sans lui dire soient terminées.
PENDANT NOTRE PRO-CHAIN JOUR DE CONGÉ, ON N'IRAIT PAS ACHETER UN LIT ?

POURQUOI ?
PARCE QUE CELUI-CI EST TROP PETIT.
J'AIMERAIS POUVOIR CHANGER DE POSITION SANS AVOIR À ME SOUCIER DE LA LARGEUR.
C'EST SÛR...
AH, MAIS...
SI ON VA ACHETER UN GRAND LIT ENSEMBLE, ON SERA GRILLÉS TOUT DE SUITE...
TOUT LE MONDE SAURA QUE C'EST PARCE QU'ON DORT À DEUX DEDANS.
GRIP
QU'EST-CE QUE ÇA PEUT FAIRE ?
C'EST LA VÉRITÉ.
UH...
NH...

LÈVE UN PEU LES HANCHES, KIMI...
Haa...
Haa...
AH...
CRIIC
PAF
PAF
PAF
AH !
ON N'ARRÊTE PAS DE LE FAIRE, DEPUIS TOUT À L'HEURE...
N...
NORMAL...
C'EST TROP BON...
JE VAIS MOURIR...
PAF
PAF
NE MEURS PAS, ÇA M'EMBÊTERAIT.

Uuh...
Hh...
CLAP
ATTENDS...
NON... PAS ÇA...
JE VAIS J...
FLAP FLAP
JE VAIS JOUIR, SINON...
BOBOM
BOBOM
TU PEUX JOUIR.
ATTENDS...
FLAP
Haa...
PAS TOUT DE SUITE...
JE VEUX ATTENDRE D'ARRIVER À MA LIMITE...

Ah !
PINCE
L'AUTRE FOIS, TU AS JOUI QUAND JE T'AI PINCÉ LES TÉTONS AVEC FORCE.
TU ES UN PEU MASO, TOI, NON ?
HEIN ?
Nh...
Aah !
Pince
Pince
BOBOM
ET TOI, HARUMI ?
TU N'AIMES PAS ÇA ?
Haa...
SI...
Haa...
ÇA M'EXCITE ÉNORMÉMENT.
JE RISQUE D'AVOIR DU MAL À ME RETENIR.
C'EST PAS GRAVE.

FAIS-MOI TOUT CE QUE TU VOUDRAS.
DIS PAS DES TRUCS PAREILS...
MAIS PAS SI ÇA FAIT TROP MAL, HEIN ?
IL Y A UNE LIMITE.
SPLURT
MAIS JE VEUX QUE TU M'EN-VOIES...
AU SEPTIÈME CIEL...

Haa...
Haa...
TU ES SÛR QU'UN LIT KING SIZE RENTRERA DANS CETTE CHAMBRE ?
HEIN ?
KOJIMA KATSURA
Five Corners
COFFEE
ファイブコーナーズコーヒー
児島かつら

BONUS
Five Corners
COFFEE
POUR TOUJOURS
MERCI DE VOTRE VISITE !
FIVE CORNERS CO
QU'EST-CE QUE TU FAIS ?
JE PRÉPARE DES APÉRITIFS.
ON VA BOIRE UN COUP EN RENTRANT, NON ?
OUAIS ! CARRÉMENT !
DANS CE CAS, JE TE CONFIE LE NETTOYAGE DE LA SALLE PENDANT QUE JE PRÉPARE LES SNACKS.
TCHAC
TCHAC
Ces derniers temps, notre quotidien ressemble à ça...

Le matin, quand je me réveille, Harumi est à mes côtés... J'ai fini par m'y habituer.
Comment je vais assaisonner ça... ?
FSHHHH
Chaque jour, on va au travail ensemble, comme d'habitude, il prépare à manger, on boit un petit coup, puis on va se coucher.
Chez moi.
C'EST TROP TÔT, JE NE PEUX PAS LUI DIRE...
Il y a une petite chose qui me turlupine...
FSHHHH
Pourquoi Harumi ne rend pas son appartement ?
Il ne lui sert qu'à entreposer des choses, maintenant...
JE ME DEMANDE POURQUOI... D'HABITUDE, QUAND IL PREND UNE DÉCISION, IL N'EST PAS DU GENRE À REGARDER EN ARRIÈRE...
JE NE VEUX PAS Y PENSER... JE NE VEUX VRAIMENT PAS Y PENSER, MAIS...
Et s'il le gardait au cas où ça se passerait mal entre nous ?

ÇA M'ÉNERVE !!
AU FAIT, KIMI...
QUOI ??
TU AS REÇU L'AVIS DE RÉNOVATION DE L'IMMEUBLE ?
QUAND ON PARLE DU LOUP !!
EUH... OUI...
JE VOULAIS TE POSER UNE QUESTION...
ÇA NE TE DIRAIT PAS DE DÉMÉNAGER AILLEURS ?
... HEIN ?

ON POURRAIT TROUVER UN ENDROIT PLUS PROCHE D'ICI...
TU TE SOUVIENS ? TU M'AS PARLÉ D'UN BÂTIMENT PAS LOIN...
AH OUI, CELUI QUI EST AU COIN ?
OUI.
J'AI VÉRIFIÉ ET IL Y A UN APPARTEMENT LIBRE EN CE MOMENT... AVEC DEUX PIÈCES DE PLUS QUE CHEZ NOUS.
ÇA TE DIRAIT QU'ON AILLE LE VISITER PENDANT NOTRE PRO-CHAIN JOUR DE CONGÉ ?
OUAIS !
OUF ! C'ÉTAIT JUSTE UNE IMPRESSION, ALORS !
AU FAIT...
QUAND ON AURA DÉMÉNAGÉ, JE PAIERAI MA PART DE LOYER...
OK ?
MH ? C'EST QUOI, CETTE DEMANDE ?

SI TU VEUX...
POUR-QUOI TU DIS ÇA ?
AH...
EN FAIT... JE VOULAIS RENDRE MON APPARTEMENT PLUS TÔT, PARCE QUE C'EST PAYER UN LOYER INUTILEMENT, MAIS...
JE ME DISAIS, SI JAMAIS TU...
SI JAMAIS JE QUOI ?
SI JAMAIS, PAR HASARD, TU DÉCIDAIS DE METTRE FIN À NOTRE MARIAGE PROVISOIRE, J'AURAIS UN ENDROIT OÙ RENTRER...
PARDON ??

ÇA VA PAS LA TÊTE ?! POURQUOI J'Y METTRAIS FIN ?!
JE N'ARRÊTE PAS DE TE DIRE À QUEL POINT JE T'AIME !
JE SAIS, MAIS...
LES GENS CHANGENT, PARFOIS...
OH...
JE VOIS...
EN FAIT...
HARUMI VEUT QUELQUE CHOSE DE DÉFINITIF, LUI AUSSI.
DANS CE CAS, AU LIEU DE LOUER UN NOUVEL APPARTEMENT...

POURQUOI ON N'ACHÈTERAIT PAS UNE MAISON ?
HEIN ??
COMME ÇA, TU N'AURAS PAS BESOIN DE JETER LES MEUBLES DE TON APPARTE-MENT !
AT-TENDS...
ET PUIS, DANS UNE MAISON, ON POURRA FAIRE DU BRUIT SANS SE SOUCIER DES VOISINS !
ON POURRA SE REPOSER TRANQUIL-LEMENT, ÇA SERA LE PIED !
ATTENDS, ATTENDS !!
TU NE CROIS PAS QUE TU BRÛLES UN PEU LES ÉTAPES, LÀ ? ON N'A MÊME PAS ENCORE FINI DE REMBOURSER LE PRÊT DU CAFÉ...
C'EST PAS GRAVE, ON TROUVERA UNE SOLUTION !
TU ENVISAGEAIS TON AVENIR EN TE MARIANT AVEC MOI, HARUMI... EH BIEN, VOILÀ MA RÉPONSE.

ON CONSTRUIRA UNE VIE GÉNIALE À DEUX, DANS NOTRE MAISON.
LAISSE-MOI Y RÉFLÉCHIR, OK ?
HEIN ??
NORMALEMENT, T'ES CENSÉ RÉPONDRE « OUI » AVEC DES LARMES D'ÉMOTION DANS LES YEUX !
EH, C'EST PAS COMME SI TU VENAIS DE ME DEMANDER EN MARIAGE, NON PLUS !
MAIS ÇA ME FAIT PLAISIR DE VOIR QUE TU CHERCHES AUSSI À APPROFONDIR NOTRE RELATION...

RASSURE-TOI... JE PASSERAI LE RESTE DE MA VIE À TE CUISINER DE BONS PETITS PLATS.
ÇA M'ÉMEUT ENCORE PLUS QUE QUAND TU M'AS DEMANDÉ DE T'ÉPOUSER...
TROP BIEN...
... JE NE COMPRENDS VRAIMENT PAS CE QUI SE PASSE DANS TA TÊTE, TOI.
AU FAIT, TU VEUX VRAIMENT FAIRE CONSTRUIRE NOTRE MAISON ?
OUAIS ! UNE MAISON AVEC UN TOIT TRÈS HAUT ET UNE CHAMBRE OÙ ON POURRA METTRE UN GRAND LIT !
BONNE IDÉE...
En fait...
Je crois qu'on peut enlever le mot « provisoire » à notre mariage, maintenant.

Pour lui comme pour moi...
FIVE CORNERS COFFI
Il y a une chose de plus
à aimer dans cette ville
qui sent l'océan.
FIN

Merci beaucoup d'avoir acheté ce manga !
Entre la sortie en magazine de prépublication et la sortie en volume relié, à cause de plusieurs facteurs, le chapitre 5 et le dernier chapitre ont subi beaucoup de modifications, mais je suis très heureuse d'avoir pu dessiner ce manga jusqu'à la fin.
J'espère que vous avez passé un bon moment de lecture.
Merci beaucoup à mon responsable et à mon graphiste !
Koji.

コジ

Je suis sûre qu'ils sont du genre à porter leurs alliances tout le temps sans ressentir le besoin de les cacher.

FIVE CORNERS COFFEE

HANA

www.boys-loves.fr

Traduit du japonais par Laurie Asin

Adaptation Graphique : Randal Pizzardini Borg

Correction : Guillaume Quémar

Relecture : Lili

Responsable Editorial & Production : Tony Mr P

Dépot légal : Décembre 2023

ISBN 978-2-38276-423-7
ISSN 2743-4435

Imprimé par L.E.G.O. S.p.A.